WARREN BUFFETT
AND THE INTERPRETATION OF FINANCIAL STATEMENTS

워렌 버핏의
재무제표 활용법

WARREN BUFFETT AND THE INTERPRETATION OF FINANCIAL STATEMENTS

by Mary Buffett, David Clark
Copyright © 2008 by Mary Buffett and David Clark. All rights reserved.
This Korean edition was published by Bookholic Publishing in 2010 by arrangement with the original publisher, Scribner, A Division of Simon & Schuster, Inc., New York through KCC(Korea Copyright Center Inc.), Seoul.

이 책은 (주)한국저작권센터(KCC)를 통한 저작권사와의 독점계약으로 (주)한국투자교육연구소 부크홀릭(부크온)에서 출간되었습니다. 저작권법에 의해 한국 내에서 보호를 받는 저작물이므로 무단 전재와 복제를 금합니다.

10배 오를 주식은 재무제표에 숨어 있다!
워렌 버핏의 재무제표 활용법

초판 1쇄 2010년 1월 30일 | **20쇄** 2025년 2월 28일

지은이 메리 버핏, 데이비드 클라크
옮긴이 김상우

펴낸이 김재영 | **펴낸곳** (주)한국투자교육연구소 부크온(부크홀릭)
편집 박소현 | **교정교열** 정은아 | **디자인** 김가람
주소 서울시 영등포구 선유로9길 10, 문래 SK V1 센터 1001호 | **홈페이지** www.bookon.co.kr
전화 02-723-9004 | **팩스** 02-723-9384 | **이메일** book@itooza.com
출판신고 제2010-000003호(2008년 4월 1일 신고)

ISBN 978-89-960320-6-9 13320

◆ 부크온은 한국투자교육연구소 아이투자(itooza.com)의 출판 브랜드입니다.
◆ 파손된 책은 구입하신 곳에서 교환해 드리며, 책값은 뒤표지에 있습니다.
◆ 무단전재나 무단복제를 금합니다.

WARREN BUFFETT
AND THE INTERPRETATION OF
FINANCIAL STATEMENTS

워렌 버핏의
재무제표 활용법

메리 버핏, 데이비드 클라크 지음
김상우 옮김

부크온 BOOK On 부크홀릭

추천사 및 총평

재무제표로 장기적인 경쟁우위를 가진 기업 찾기

워렌 버핏의 투자법은 '지속적으로 성장할 가능성이 확실한 기업의 주식을 적정가격에 매입해 장기 보유한다'로 요약된다. 그러자면 무엇보다도 지속적으로 성장할 가능성이 확실한 기업을 찾아야 할 것이다. 1년 혹은 2년이 아니라 수십 년에 걸쳐 경쟁기업을 이겨내고 성장하게 될 기업은 어떤 특징을 갖고 있는가? 재무제표를 보고 이런 기업을 찾아낼 수 있는가?

메리 버핏과 데이비드 클라크가 함께 집필한 이 책 『워렌 버핏의 재무제표 활용법Warren Buffett and the Interpretation of financial statements』은 투자자의 관점에서 재무제표를 어떻게 읽어야 하는지를 보여주는 책이며, 더 구체적으로 말하면 워렌 버핏의 관점에서 재무제표를 보는 방법을 설명한 책이다.

내가 이 책에 관심을 가진 계기는 이 책의 저자가 메리 버핏이라는 사실 때문이었다. 메리 버핏은 워렌 버핏의 며느리였다는 사실을 팔아서 장사한다고 보기에는 투자 지식의 정도와 깊이가 뛰어난 여성이다. 나는 그녀가 쓴 일련의 저서들이 워렌 버핏의 투자법을 설명한 책 중에서 최고 수준이라고 생각한다.

재무제표에서 무엇을 볼 것인가

이 책은 워렌 버핏이 관심을 갖는 '장기적 경쟁우위Durable Competitive Advantage를 가진 기업'의 특징을 재무제표의 관점에서 설명하고 있다. 다시 말해 고유한 제품을 파는 기업이나 고유한 서비스를 파는 기업, 원가가 낮은 기업이 장기적인 경쟁우위를 가진 기업이며, 대차대조표, 손익계산서, 현금흐름표 등 3대 재무제표에 나오는 각각의 계정 과목들을 꼼꼼히 살펴보면 이런 기업을 발견할 수 있다는 것이다.

우선 손익계산서를 봤을 때 장기적인 경쟁우위를 가진 기업은 △매출총이익률(매출총이익÷매출액)이 40%가 넘고 △매출총이익 대비 판매비와관리비의 비중이 30% 미만이며, △영업이익 대비 이자비용이 15% 미만이라는 특징을 갖고 있다. 또 연구개발비와 감가상각비는 없거나 적고, 당기순이익은 일시적으로 오르내릴 수 있지만 여러 해를 놓고 봤을 때 상승 추세에 있다.

이 책에서는 워렌 버핏이 매입한 음료회사 코카콜라와 신용평가회사 무디스가 이 조건에 부합한다는 점을 실제 지표를 통해 보여주고 있다. 반면 자동차회사 제너럴 모터스나 항공사 유나이티드 에어라인은 이런 조건에 부합하지 않는다는 사실을 보여준다.

대차대조표에서도 장기적인 경쟁우위를 가진 기업의 특징을 찾을 수 있다고 이 책은 설명한다. 구체적으로 △ 현금 및 현금성 자산이 풍부하며, △ 단기차입금과 유동성 장기부채가 없거나 적은 기업이 장기적인 경쟁우위를 가진 기업이다. 또 기업의 유형자산은 적을수록 좋다고 이 책은 덧붙이고 있다. 왜냐하면 설비투자에 자금이 적게 들어갈수록 기업은 궁극적으로 이익을 창출할 수 있는데, 유형자산이 많다는 것은 설비투자를 그만큼 많이 했음을 보여주기 때문이라는 것이다.

대차대조표의 무형자산에는 브랜드 가치를 비롯한 일부 무형가치가 명시되어 있지 않은데, 워렌버핏은 이런 숨겨진 무형가치에 주목한다는 점도 밝히고 있다. 1987년 워렌버핏이 코카콜라 주식을 매입하기 시작할 당시의 가격은 비싼 것처럼 보이지만, 코카콜라의 숨겨진 브랜드 가치를 감안하면 비싸지 않은 것이라고 말하고 있다.

현금흐름표에서 살펴봐야 할 부분은 자본적지출이라고 이 책은 밝히고 있다. 구체적으로 당기순이익 대비 자본적지출 비율이 50% 미만인 기업이 장기적인 경쟁우위를 갖고 있을 가능성이 크다. 만약 이 비율이 25% 미만이라면 그 가능성은 더 커진다.

한국 기업에도 곧바로 적용할 수 있는 재무제표 활용법

이 책은 주식의 매입 시점과 매도 시점도 설명하고 있다. 주식투자에서 수익을 내기 위해서는 싸게 사는 것이 중요하며, 장기적인 경쟁우위를 가진 기업이 '해결할 수 있는 일시적인 문제$^{Solvable\ Problem}$'로 어려움을 겪고 있을 때 매입하라고 권하고 있다. 또 장기적인 경쟁우위를 가진 기업의 주식을 일단 매입했다면 장기 보유하고 있는 게 낫다고 말한다. 장기적인 경쟁우위를 가진 기업은 시간이 흐를수록 더 나은 결과를 내기 때문이다. 다만 이런 기업의 주식도 매도해야 할 때가 있는데, 구체적으로 △더 나은 기업을 발견했을 때, △장기적인 경쟁우위를 가진 기업이 본원적인 경쟁력을 상실해가고 있을 때, △강세장에서 장기적인 경쟁우위를 가진 기업의 주가가 급등했을 때 매도하라고 말하고 있다.

인구와 땅 덩어리가 미국보다 훨씬 작고, 환율 등 거시경제의 변동성이 큰 한국의 주식시장에도 장기적인 경쟁우위를 가진 기업이 있는가? 워렌 버핏식 투자법이 한국에도 적용 가능한가?

만약 아직도 이런 질문을 던지는 사람이 있다면 자신의 투자 감각을 재점검해볼 필요가 있다. 한국에는 삼성전자, 현대자동차, 현대중공업 같은 글로벌 경쟁력을 가진 기업이 속속 등장하고 있고, 이에 따라 해외 투자자들이 한국의 주식시장에 속속 몰려들고 있다.

외국인은 이미 찾아낸 한국의 뛰어난 기업을 정작 우리는 간과하고 있지는 않은가? 지속적으로 주주에게 이익을 가져다주는 기업, 그러면서도 적정가격에 거래되는 기업을 재무제표 분석을 통해 찾고자 하는 투자자에게 이 책은 큰 도움을 줄 것이다.

— 이민주/ 워렌버핏연구소 소장

재무제표에 숨겨진 워렌 버핏의 성배를 찾자

워렌 버핏이 투자 세계의 전설이 될 수 있었던 것은 그의 스승인 벤저민 그레이엄과 달리 '기업의 장기적인 경쟁우위'가 어마어마한 수익을 안겨준다는 것을 발견한 데 있다. 벤저민 그레이엄이 주가 수준에 초점을 맞추고 저평가된 주식을 산 후 일정한 가격이 되면 매도하는 전략을 쓴 반면, 워렌 버핏은 해당 기업이 장기적인 경쟁우위를 가지고 있는 한 그 주식을 계속 보유했다. 물론 워렌 버핏도 가능한 한 낮은 가격에 주식을 매수하려 했지만, 기업의 장기적인 경쟁우위가 매우 뛰어난 경우에는 상대적으로 높은 가격에 주식을 매수하기도 했다.

이 책은 워렌 버핏이 매우 중시했던 장기적인 경쟁우위를 가진 기업을 찾는 법을 소개하고 있다. 그런 기업을 찾기 위해 워렌 버핏이 특별히 비밀스러운 방법을 사용한 것은 아니다. 그가 장기적인 경쟁우위를 가진 기업을 찾기 위해 제일 먼저 하는 일은 수많은 기업의 재무제표를 분석하는 것이다. 그레이엄 밑에서 워렌 버핏과 함께 근무했던 유명한 가치투자자 월터 슐로스Walter Schloss는 버핏에게 수천 개에 달하는 기업의 재

옮긴이의 글

무제표를 읽게 했다. 이 과정에서 워렌 버핏은 재무제표 속에 '황금'이 숨어 있다는 것을 발견했다. 재무제표를 분석함으로써 어떤 기업이 장기적인 경쟁우위를 가지고 있는지, 또 어떤 기업이 그렇지 못한지 구분할 수 있었던 것이다.

이 책에서 독자 여러분은 워렌 버핏이 장기적인 경쟁우위를 가진 기업을 찾기 위해 어떤 지표들에 주목하고 있는지 확인하게 될 것이다. 워렌 버핏이 수많은 기업의 재무제표를 읽고 분석하는 과정에서 터득한 재무제표 분석 노하우, 그 핵심이 이 책에 소개되어 있다.

워렌 버핏은 손익계산서에서 매출액 규모에 크게 개의치 않는다. 대신 매출총이익률, 매출총이익 대비 각종 비용비율, 영업이익 대비 이자비용비율, 매출액 대비 당기순이익비율, 주당순이익 추세 등에 주목한다. 특히 워렌 버핏은 그 지표들의 '지속적인(보통 지난 10년간) 추세'를 면밀히 살핀다. 또 워렌 버핏은 시장에서 많이 사용하는 지표 중 하나인 EBITDA(이자비용, 법인세, 감가상각비 차감 전 이익)는 별로 신뢰하지 않는다. 대신 법인세 차감 전 순이익(세전 이익)을 매우 중시하며, 순이익을 계산할 때도 자산처분이익(손실)과 기타영업외이익(손실)은 고려하지 않는다.

대차대조표를 분석할 때 워렌 버핏이 가장 먼저 주목하는 부분은 현금 및 현금성자산의 규모와 부채 규모다. 현금 및 현금성자산이 많으면서도 부채가 적은 기업을 장기적인 경쟁우위를 가진 기업으로 본다. 또 워렌 버핏은 대차대조표 분석을 통해 해당 기업이 어떻게 현금을 창출하

옮긴이의 글

고 있는지 살핀다. 워렌 버핏이 찾는 기업은 유가증권 발행이나 자산 매각을 통해서가 아니라 사업을 통해 현금을 창출한 기업이다. 이 외에도 워렌 버핏은 재고자산과 순이익이 함께 증가하는 회사, 매출액 대비 순매출채권비율이 '지속적으로' 낮은 회사, 토지, 건물, 기계장치 같은 유형자산이 적은 회사, 자산 규모가 크면서도 자산수익률이 높은 회사, 장기부채와 유동성 장기부채가 거의 없는 회사, 자본 대비 부채비율이 낮은 회사, 우선주가 거의 없는 회사, 이익잉여금 증가율이 높은 회사, 자기주식이 많은 회사, 자기자본이익률^{ROE}이 지속적으로 상승하는 회사를 찾는다. 여기서도 워렌 버핏은 그 '추세'를 중시한다. 따라서 투자자들은 한 해의 대차대조표나 손익계산서만 봐서는 안 되고, 과거 수년간(10년 정도)의 대차대조표와 손익계산서를 살펴보아야 한다.

현금흐름표 분석에서 워렌 버핏이 특히 관심을 갖는 것은 그 회사의 자본적지출 규모다. 자본적지출 규모는 현금흐름표의 '투자활동으로 인한 현금흐름' 항목에서 확인할 수 있다. 워렌 버핏은 자본적지출이 적은 회사를 좋아한다. 특히 워렌 버핏은 '과거 10년간의 자본적지출 총액을 과거 10년간의 순이익 총액으로 나눈 비율'이 50% 미만인 기업을 선호하고, 그 비율이 25% 미만이면 아주 좋은 기업으로 본다.

현금흐름표의 '재무활동으로 인한 현금흐름' 항목에는 배당금 지급으로 인한 현금 유출, 주식과 채권의 발행으로 인한 현금의 유입, 자기주식 매입으로 인한 현금의 유출 등이 기록되는데, 워렌 버핏은 배당금을 많이 지급하는 회사보다 자기주식을 많이 매입하는 회사를 좋아한다. 자기주식을 매입하면 사외주가 감소하고 (주주들의 지분이 증가하고) 회사의 주당순이익이 증가하며 결국엔 주가가 상승한다는 것이다. 실제로 워렌 버핏은 자기주식 매입을 매우 좋아해서 가이코나 워싱턴포스트 등 그가 투자한 회사들에 배당금을 늘리는 대신 자기주식을 매입하라고 촉구했다.

재무제표 분석을 통해 워렌 버핏이 찾아낸 장기적인 경쟁우위를 가진 기업의 주식이 이른바 '채권성 주식'이다. 채권성 주식이란 이익 증가가 지속적이고 예측 가능한 회사의 회사채처럼 확실하면서도 그 이상의 수익을 보장해주는 주식을 말한다. 여기서 채권성 주식의 이자는 배당금이 아니라 그 회사의 세전 이익이라는 점을 유념해야 한다. 이익(주당순이익)이 증가하는데 주가가 상승하지 않으면 주가수익비율^{PER}이 낮아진다(즉 주식이 저평가된다). 이렇게 주식이 저평가되면 시장은 그런 저평가 상황을 인식하게 되고 주가수익비율^{PER}은 정상을 찾아간다. 즉 주가가 상승한다. 이처럼 이익 증가는 주가 상승으로 이어지게 마련이다. 워렌 버핏이 이익 증가를 매우 중시하는 이유가 바로 이 때문이다.

자신만의 체크 리스트를 만들자
이 책은 초보자도 쉽게 재무제표를 분석할 수 있도록 만든 매우 간단하고 유용한 가이드북이다. 쉽고 단순하다는 것이 이 책의 장점이다. 한 가지 권하고 싶은 것은 이 책을 읽으면서 자기만의 재무제표 체크 리스트를 만들어보라는 것이다. 손익계산서, 대차대조표, 현금흐름표에서 워

옮긴이의 글

렌 버핏이 주목하는 지표들로 체크 리스트를 만들어두면 아주 빠르고 간단하게 해당 기업의 재무제표를 분석할 수 있을 것이다. 단 유념해야 할 것은 어느 한 해의 재무제표가 아니라 과거 수년간의 재무제표를 가지고 분석해야 한다는 것이다. 그래야 해당 기업의 지속적이고 장기적인 경쟁 우위를 파악할 수 있다. 모쪼록 이 책이 많은 투자자들에게 성공적인 투자의 밑거름이 되었으면 하는 바람이다.

― 김상우

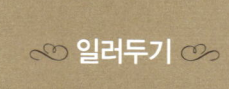

1 회계용어는 일부 예외를 제외하고는 붙여 쓰는 것을 원칙으로 하였습니다.

2 기업의 영문 표기는 책 마지막 부분에 있는 부록에 따로 수록하였습니다.

3 국제회계기준(IFRS) 도입에 따른 회계용어의 변경은 이 책에 반영하지 않았습니다.

4 이 책에 나오는 지속적인 경쟁우위와 장기적인 경쟁우위는 동일한 의미로 혼용하여 사용하였습니다.

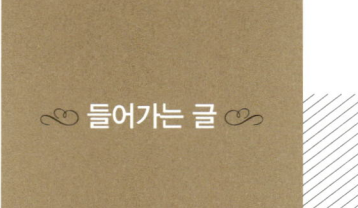

들어가는 글

1981년부터 1993년까지 12년 동안 나는 세계에서 가장 성공한 투자자이며 지금은 위대한 박애주의자가 된 워렌 버핏의 며느리였다. 나는 워렌 버핏의 아들인 피터 버핏과 결혼한 직후, 월스트리트 밖 대부분의 사람들이 아직 워렌 버핏의 이름을 들어보기 훨씬 전, 오마하에 있는 버핏의 집을 찾았다. 그곳에서 나는 스스로를 버핏톨로지스트Buffettologist라고 칭하면서 워렌 버핏의 투자 지혜를 배우려는 일단의 사람들을 만났다.

그들 중 가장 성공적인 버핏톨로지스트 중 한 사람이자, 이 책의 공저자인 데이비드 클라크는 워렌 버핏의 투자 지혜를 가득 적은 노트를 갖고 있었다. 그 노트에는 매우 상세하고 환상적인 워렌 버핏의 투자법이 담겨 있었다. 바로 그 노트가 후에 나와 데이비드 클라크가 함께 저술하고, 히브리어, 아랍어, 한국어, 중국어, 러시아어 등 17개국 언어로 출간되어 국제적인 베스트셀러가 된 『워렌 버핏 투자노트The Tao of Warren Buffett』, 『주식투자, 이렇게 하라Buffettology』, 『워렌 버핏만 알고 있는 주식투자의 비밀Buffettology Workbook』, 『워렌 버핏의 실전주식투자The New Buffettology』와 같은 책의 기초가 되었다.

들어가는 글

『워렌 버핏 투자노트The Tao of Warren Buffett』가 대성공을 거둔 후, 나는 2007년 버크셔 해서웨이 주주총회 기간 동안 오마하에서 우연히 데이비드 클라크를 만나 점심을 함께 하면서 투자 분석의 역사에 대해 토론했다. 그때 데이비드는 19세기 말과 20세기 초 투자 분석은 채권 분석을 목적으로 한 것으로, 주로 기업의 지불 능력과 수익력에 초점을 맞추는 것을 지적했다. 그리고 월스트리트의 아버지이자 워렌 버핏의 스승인 벤저민 그레이엄은 이런 초기 채권 분석기법을 주식 분석에 적용했다고 말했다.

그러나 데이비드는 그레이엄의 경우 경쟁사에 대해 장기적인 경쟁우위[1]를 가진 기업과 그렇지 않은 기업을 구분하지는 않았다고 말했다. 그레이엄은 한 기업의 주가 하락을 초래한 경제적인 문제를 그 기업이 극복할 수 있을 정도로 충분한 수익력을 보유하고 있는지에만 관심을 가졌다. 그는 그 기업의 주식을 10년이나 20년간 보유하는 것에는 관심이 없었다. 주가가 2년 후에도 변화가 없으면, 그는 그 주식을 매각했다. 물론 그레이엄은 좋은 주식을 골랐지만, 워렌 버핏처럼 그 주식을 오래 보유하지는 않았다. 그레이엄과 달리 워렌 버핏은 좋은 주식을 골랐을 뿐만 아니라 그 주식을 오래 보유함으로써 세계 최고의 거부가 될 수 있었다.

그레이엄 밑에서 일을 시작한 후, 워렌 버핏은 경쟁사에 대해 장기적인 경쟁우위를 가진 회사는 막대한 부를 창출해줄 수 있다는 사실을 발견했다. 이런 환상적인 기업의 경우, 오래 보유하면 할수록 더욱 부자가 된다는 것을 알아낸 것이다. 그레이엄이라면 이런 환상적인 기업은 모두

들어가는 글

과대평가되었다고 주장했을 것이다. 하지만 워렌 버핏은 이런 기업은 주가가 하락할 때까지 기다리지 않고 적정가격에 매수해도 자신을 거부로 만들어준다는 것을 깨달았다.

워렌 버핏은 장기적인 경쟁우위를 가진 기업을 보유함으로써 얻게 되는 혜택이 무엇인지 확인하던 중에 이런 특별한 기업들을 찾아내는 독특한 분석 도구를 개발했다. 그레이엄의 개념에 뿌리를 두고 있긴 하지만, 워렌 버핏은 자신의 새로운 분석 방법을 통해 해당 기업이 문제를 극복하고 살아남을 수 있을지, 그 기업이 자신을 거부로 만들어줄 장기적인 경쟁우위를 갖고 있는지 판단할 수 있었다.

이런 대화들을 나누며 식사를 함께하던 중, 나는 데이비드에게 수익성이 매우 높은 기업을 찾기 위해 워렌 버핏이 개발한 그 독특한 분석 도구를 사용해 기업의 재무제표를 쉽게 설명할 수 있는 작은 책 한 권을 내는 것이 가능할지에 대해 물었다.

나는 기업의 재무제표 읽는 법과 워렌 버핏이 최고의 기업을 찾는 법을 투자자들에게 알려줄 아주 직설적이고 쉬운 책을 구상했다. 즉 대차대조표와 손익계산서만 설명하는 것이 아니라, 장기적인 경쟁우위를 가진 기업을 찾기 위해 재무제표에서 특히 어떤 것들을 살펴보아야 하는지 알려주는 책을 염두에 둔 것이다. 데이비드는 이런 내 구상을 환영했고, 책을 쓰기로 한 지 한 달도 안 되어서 우리는 지금 여러분이 읽고 있는 이 책 『워렌 버핏의 재무제표 활용법Warren Buffett and the Interpretation of Financial Statements』의 원고를 주고받으며 검토하기 시작했다.

∽ 들어가는 글 ∾

　데이비드와 나는 이 책을 통해 독자 여러분이 과거 그레이엄학파의 가격 분석모형을 뛰어넘어 워렌 버핏처럼 장기적인 경쟁우위를 가진 회사의 획기적이고 지속적인 부를 창출할 수 있는 방법을 습득하길 바란다. 그 과정에서 여러분은 월스트리트의 교묘한 시장조작에서 해방되고, 워렌 버핏처럼 엄청난 부를 이루어내는 현명한 투자자가 될 수 있을 것이다.

— 메리 버핏

추천사 및 총평　**004**

옮긴이의 글　**008**

일러두기　**013**

들어가는 글　**014**

PART 1 워렌 버핏의 성공 투자 핵심 포인트

01　버핏을 세계 최고의 거부로 만든 두 가지 방법　**024**

02　가치투자의 아버지도 몰랐던 투자의 진실　**026**

03　당신을 부자로 만들어줄 초우량주의 특징　**034**

04　부자가 되는 승차권을 잡아라　**039**

05　재무제표에 10루타 주식이 숨어 있다　**041**

PART 2 워렌 버핏의 눈으로 손익계산서 보기

06　손익계산서
　　버핏이 제일 먼저 보는 재무제표　**045**

07　매출액
　　비용과 함께 검토해야 할 항목　**048**

08 매출원가
    어떤 항목이 포함되었는지 따져볼 것 050

09 매출총이익과 매출총이익률
    우량기업 여부를 확인하는 유용한 잣대 052

10 영업비용
    버핏이 항상 신경 쓰는 항목 056

11 판매비와관리비
    지속적으로 낮으면 금상첨화 058

12 연구개발비
    버핏이 좋아하지 않는 비용 062

13 감가상각비
    이익을 계산할 때 꼭 비용으로 반영하라 065

14 이자비용
    재앙을 부르는 전주곡 069

15 자산처분손익과 기타영업외손익
    일회성으로 인식하라 073

16 법인세 차감 전 순이익
    버핏이 회사들을 비교할 때 사용한다 076

17 법인세
    거짓말쟁이 회사를 가려낸다 079

18 당기순이익
    버핏의 두 가지 해석법 081

19 주당순이익
    10년치 추세를 살펴라 085

PART 3 워렌 버핏의 눈으로 대차대조표(재무상태표) 보기

20 대차대조표(재무상태표)
    회사의 현재 재무상태를 보여주는 스냅샷 090

21	자산
	회사가 가지고 있는 재산들 **094**
22	유동자산의 순환
	회사가 돈을 벌어들이는 과정 **097**
23	현금 및 현금성자산
	기업의 창이자 방패 **099**
24	재고자산
	순이익이 함께 상승하는 회사를 찾아라 **103**
25	매출채권
	돈 떼이지 않고 회수가 빠른 회사에 주목 **105**
26	선급비용과 기타유동자산
	경쟁우위 판단에 큰 도움이 안 된다 **107**
27	총유동자산과 유동비율
	많고 클수록 좋지만 예외도 있다 **109**
28	유형자산
	끊임없이 투자가 필요한 회사는 좋지 않다 **112**
29	영업권
	투자 기회가 숨어 있는 곳 **116**
30	무형자산
	보이지 않는 가치를 계산하라 **118**
31	장기투자자산
	개구리를 왕자로 만드는 마법의 키스 같은 것 **121**
32	기타비유동자산
	경쟁우위 판단에 도움이 되지 않는 항목 **124**
33	총자산 및 자산수익률
	버핏의 독특한 시각을 볼 수 있다 **126**
34	유동부채
	세부 항목별로 경쟁우위와의 관련성 따져 보기 **129**

35 매입채무, 미지급비용, 기타유동부채
경쟁우위 파악에 도움이 되지 않는다　**131**

36 단기부채
장기부채보다 많은 금융기관은 피하라　**133**

37 유동성 장기부채
대박일까, 쪽박일까?　**137**

38 총유동부채와 유동비율
1미만이면 반드시 나쁜 회사?　**140**

39 비유동부채(장기부채)
장기투자 종목을 찾을 때 주목하라　**142**

40 이연법인세, 소수주주지분, 기타부채
부채의 여러 종류들　**145**

41 총부채와 자본 대비 부채비율
자기주식을 감안해 살펴보기　**148**

42 자본
주주들이 처음 투자한 돈으로 아직 남아 있는 돈　**152**

43 우선주, 보통주, 자본잉여금
우량한 회사는 우선주가 거의 없다　**154**

44 이익잉여금
버핏의 부의 비밀　**157**

45 자기주식
우량주가 갖춰야 할 필요조건　**161**

46 자기자본이익률 I
주주의 돈을 잘 활용하는 회사를 찾아라　**164**

47 자기자본이익률 II
높으면 투자하고 낮으면 투자하지 마라　**166**

48 레버리지의 문제점과 유의점
'병든 닭'이 '황금 거위'로 보일 수 있다　**168**

PART 4 워렌 버핏의 눈으로 현금흐름표 보기

49 현금흐름표
   우량기업을 판별하는 데 아주 유용한 지표   **171**

50 자본적지출
   버핏이 전화회사에 투자하지 않는 이유   **176**

51 자기주식 매입
   세금부담이 없는 또 다른 수익의 원천   **180**

PART 5 최상의 타이밍에 최고의 주식을 사고파는 법

52 버핏의 혁명적 주식투자 아이디어   **184**

53 장기적인 경쟁우위가 지속적으로 투자수익률을 높인다   **190**

54 최고의 주식을 평가하는 또 다른 방법들   **192**

55 환상적인 주식을 사야 할 최상의 매수 타이밍   **195**

56 최상의 매도 타이밍을 찾는 법   **198**

부록

❶ 우량기업·불량기업의 재무제표 예시   **202**

❷ 주요 회계용어   **206**

❸ 역주   **214**

❹ 기업 영문이름 및 인덱스   **223**

PART

I

 워렌 버핏의 성공 투자
핵심 포인트

회계와 회계의 뉘앙스를 이해해야 한다.
회계는 기업을 표현하는 언어지만, 완전한 언어는 아니다.
그러나 회계(재무제표를 읽고 해석하는 법)를 모르면
자기 스스로 주식을 고를 수 없다.

― 워렌 버핏 ―

Chapter 01

버핏을 세계 최고의 거부로 만든 두 가지 방법

1960년대 중반, 워렌 버핏은 벤저민 그레이엄의 투자 전략을 재검토하기 시작했다. 그 과정에서 그는 어떤 회사가 최고의 투자 대상이고, 지속적으로 가장 많은 돈을 벌어줄지를 알아내는 놀라운 두 가지 방법을 발견했다. 이 두 가지 방법을 발견하자마자 워렌 버핏은 그때까지 사용했던 그레이엄의 투자 전략을 바꿨고, 지금까지 존재하는 투자 전략 중 가장 위대한 것으로 평가받는 새로운 투자 전략을 창조했다.

워렌 버핏이 발견한 두 가지 방법은 다음과 같다.

- 장기적인 경쟁우위를 가진 특별한 기업을 찾는 법
- 장기적인 경쟁우위를 가진 기업의 가치를 평가하는 법

이 책은 워렌 버핏이 발견한 이 두 가지 방법을 검토함으로써 그의 독창적인 전략이 투자에 어떻게 적용되며, 그가 그 전략을 실행에 옮기기 위해 재무제표를 어떻게 활용하고 있는지에 대해 독자들에게 알려줄 것이다.

Chapter 02

가치투자의 아버지도 몰랐던 투자의 진실

워렌 버핏의 첫 번째 방법(장기적인 경쟁우위를 가진 특별한 기업을 찾는 방법)을 이해하기 위해서는 먼저 월스트리트와 그곳에서 일하는 사람들의 속성을 이해해야 한다. 월스트리트는 지난 200년 동안 투자자라고 자처하면서 기업을 위해 많은 서비스를 제공하고 있음에도 불구하고, 사실은 도박사인 사람들이 주가 추세를 놓고 거대한 도박을 벌이는 일종의 대형 카지노 역할을 했다.

초기에 이들 도박사들 중 엄청난 부와 명예를 얻은 사람이 있었다. 이들은 대중들이 매우 흥미롭게 읽는 경제기사의 스포트라이트를 받는 화려한 주인공이 되었다. '빅 다이아몬드'라 불린 큰손 투자자 짐 브래디Jim Brady와 버나드 바루치Bernard Baruch가 그런 사람인데, 이들은 당대에 대투자자로 추앙받은 성공한 도박사들이었다.

최근에는 뮤추얼펀드, 헤지펀드, 투자신탁 같은 기관투자가들이 과거의 큰손 투자자들을 대체하고 있다. 이들 기관투자가들은 빨리 부자가 되고 싶어 하는 근시안적 대중들을 유혹할 미끼로 그들의 연간 실적을 자랑하면서, 자신을 매우 뛰어난 주식 전문가로 포장해 대중들에게 '팔았다.'

일반적으로 주식 투기꾼들은 좋은 뉴스에 사고 나쁜 뉴스에 주식을 버리면서 다소 방정맞게 투자하는 경향을 보인다. 몇 개월 내에 주가가 원하는 방향으로 움직이지 않으면, 주식 투기꾼들은 그 주식을 팔고 다른 주식을 기웃거린다.

이런 새로운 도박꾼 세대 중 가장 뛰어난 자들은 주가의 상승과 하락 속도를 측정하기 위해 복잡한 컴퓨터 프로그램을 개발하였다. 만약 한 회사의 주가가 빠르게 상승하면 프로그램은 그 주식을 매수하고, 주가가 빠르게 하락하면 그 주식을 매도한다(주가의 상승 및 하강 속도에 따른 프로그램 매수·매도). 이로 인해 수많은 주식의 주가는 크게 요동친다.

그 결과 이런 컴퓨터 투자가들이 하루는 한 주식에 달려들었다가도 바로 다음날 그 주식을 매도해버리는 일이 다반사로 벌어졌다. 헤지펀드 매니저들은 이런 컴퓨터 프로그램 매매 시스템을 이용해 고객에게 엄청난 돈을 벌어줄 수는 있다. 그러나 거기에는 함정이 있다. 엄청난 돈을 벌 수도 있지만, 마찬가지로 엄청난 돈을 잃을 수도 있는 것이다. 그리고 이들 헤지펀드 매니저들이 돈을 잃을 경우, 고객은 (돈이 조금이라도 남아 있다면) 그들을 떠나 다른 펀드 매니저를 찾는다.

Chapter 02

월스트리트에는 잘나가거나 그저 그런 펀드 매니저들의 성공과 실패 담이 넘쳐난다. 이런 투기적 매수·매도 열풍은 아주 오랫동안 지속되어 왔다. 지금까지 가장 큰 매수 열풍이 불었던 시기 중 하나였던 1920년대에 주가는 천문학적인 수치로 상승했다. 그러나 1929년 대공황이 터지자, 주가는 급락했다.

1930년대 초, 월스트리트의 진취적인 한 젊은 애널리스트였던 벤저민 그레이엄Benjamin Graham은 잘나가는 월스트리트의 펀드 매니저 대다수가 그들이 매매하는 기업의 지속적인 경제성에는 거의 관심을 기울이지 않고 있다는 것을 발견했다. 그들이 관심을 갖는 것은 단기적으로 주가가 상승할 것이냐, 아니면 하락할 것이냐 하는 것뿐이었다.

그레이엄은 또한 잘나가는 펀드 매니저들이 투기 열풍에 사로잡힌 탓에 해당 기업의 지속적인 경제성을 무시한 채 높은 수준으로 주가를 띄우기도 한다는 것을 발견했다. 또한 그레이엄은 이들 펀드 매니저들이 때로는 해당 기업의 지속적인 경제성을 무시한 비정상적인 수준으로 주가를 하락시킨다는 사실도 발견했다. 그레이엄은 주가가 이렇게 비정상적으로 낮아졌을 때가 돈을 벌 수 있는 절호의 기회라고 보았다.

그레이엄은 만약 이렇게 '과매도된 주식'을 지속적으로 내재가치 이하의 가격에서 매수한다면, 결국 시장은 실수를 인정하고 그 주식을 재평가해 주가를 올리게 될 것이라고 생각했다. 그리고 일단 그 주식이 상향 재평가되면 그레이엄은 주식을 매각하여 차익을 얻을 수 있다고 생각했다. 바로 이것이 오늘날 우리가 알고 있는 가치투자의 기본 원칙이고, 우

가치투자의 아버지도 몰랐던 투자의 진실

리가 그레이엄을 '가치투자의 아버지'라고 부르는 이유이다.

그러나 우리가 깨달아야 할 것은 그레이엄은 자신이 매수한 기업이 어떤 기업인지에 대해서는 거의 관심을 갖지 않았다는 것이다. 그레이엄의 시각에서 볼 때, 모든 기업의 주가는 어느 수준이 되면 헐값이 되었다고 볼 수 있는 그런 주가 수준에 도달하게 된다. 1930년대에 그레이엄이 가치투자를 실천에 옮기기 시작했을 때, 그는 보유한 현금의 50% 이하의 가격에 거래되는 기업을 찾는 데 초점을 맞췄다.[2] 그는 이것을 '1달러 주식을 50센트에 사는 것'이라고 말했다. 물론 그에게는 이 외에도 다른 원칙이 있었다. 주가가 해당 기업이익의 10배 이상, 즉 주가수익비율PER이 10 이상이면 결코 그 주식을 매수하지 않았고, 주가가 50% 상승하면 매도한다는 원칙이다. 그리고 2년 내에 주가가 상승하지 않으면, 무조건 매도한다는 원칙도 가지고 있었다. 물론 그의 이런 투자 원칙은 월스트리트 투기꾼들보다는 다소 장기적인 것이었다. 그러나 그레이엄은 10년 후 그 회사가 어떻게 될지에 대해서는 전혀 관심이 없었다.

워렌 버핏은 1950년대 콜롬비아 대학에서 그레이엄에게 가치투자를 배웠고, 그후 그레이엄이 은퇴하기 직전에 그레이엄의 월스트리트 투자 회사에 애널리스트로 입사했다. 그레이엄의 투자회사에서 워렌 버핏은 유명한 가치투자자인 월터 슐로스Walter Schloss[3]와 함께 일했다. 슐로스는 워렌 버핏으로 하여금 수천 개에 달하는 회사의 재무제표를 읽게 함으로써 워렌 버핏이 저평가된 회사를 찾아내는 기법을 습득할 수 있게 해주었다.

Chapter 02

　그레이엄이 은퇴한 후, 워렌 버핏은 고향 오마하로 돌아갔다. 그곳에서 그는 월스트리트의 광적인 군중과 멀리 떨어져 그레이엄의 방법론에 대해 깊이 생각해볼 수 있는 시간을 가졌다. 이때 그는 스승의 가르침에 몇 가지 문제가 있다는 것을 발견했다.

| 첫 번째 문제 | 그레이엄이 말하는 저평가된 기업들이 후에 모두 상향 재평가되는 것은 아니다. 어떤 기업은 심지어 파산하기도 했다. 또 주가가 상향 재평가된 기업만큼이나 주가가 하락한 기업도 많아 전체 실적이 크게 잠식되기도 했다. 그레이엄은 이런 사태를 막기 위해 광범위한 분산투자를 시도했다. 어떤 때는 분산투자를 목적으로 수백 개 이상의 기업을 포트폴리오에 포함시키기도 했다. 그와 동시에 그레이엄은 2년이 지나도 주가가 상승하지 않는 주식은 포트폴리오에서 제외하는(매도하는) 전략을 취했다. 그러나 2년 후에도 그레이엄의 이른바 '저평가된 주식들'이 여전히 저평가된 상태로 머물러 있는 경우가 많았다.

| 두 번째 문제 | 워렌 버핏은 그레이엄이 '50% 규칙'[4]에 따라 매도한 기업 중 일부는 그후에도 계속 성장했으며, 그 과정에서 주가도 그레이엄이 매도한 가격보다 훨씬 높이 상승했다는 사실을 발견했다. 이것은 마치 이지 스트리트$^{Easy\ Street}$(부를 약속한 곳)행 열차의 좌석에 탔음에도 불구하고, 열차가 어디로 가고 있는지 몰라 이지 스트리트 역에 도착하기 훨씬 전에 내려버리는 것과 같았다.

워렌 버핏은 이런 '슈퍼스타(초우량기업)'들의 사업성에 대해 깊이 연구함으로써 스승인 그레이엄이 이룬 업적을 개선하기로 결심했다. 그래서 워렌 버핏은 이런 기업들이 환상적인 장기투자 대상 주식이 되는 이유가 무엇인지 알아보기 위해 이런 기업들의 재무제표를 연구하기 시작했다. 이런 연구를 통해 워렌 버핏은 슈퍼스타 기업들은 모두 어느 정도 독점적인 사업을 할 수 있는 경쟁우위를 갖고 있어서 비교적 쉽게 제품 가격을 올리거나, 더 많은 제품을 팔 수 있는 기업이란 사실을 알아냈다. 즉 이들 기업은 경쟁사보다 훨씬 많은 돈을 벌었던 것이다.

| **세 번째 문제** | 워렌 버핏은 만약 한 기업의 경쟁우위가 장기간 유지될 수 있다면(즉 영속적이라면) 그 기업의 가치는 시간이 갈수록 계속 증가하게 된다는 사실도 발견했다. 그 기업의 가치가 지속적으로 증가한다는 것을 고려하면, 워렌 버핏이 가능한 오랫동안 그 주식을 보유하는 것은 매우 합당한 일이었다. 가능한 오랫동안 그 주식을 보유함으로써 그는 그 회사의 경쟁우위를 통해 더 큰돈을 벌 기회를 갖게 되었던 것이다.

또한 워렌 버핏은 월스트리트가 (가치투자자나 투기꾼, 또는 이 둘 모두의 활약에 의해) 미래 어느 시점에는 결국 이런 기업의 가치를 인정하고 주가를 끌어올린다는 것도 알아냈다. 해당 기업이 가진 장기적인 경쟁우위로 인해 이들 기업에 대한 투자는 일종의 자기 충족적 예언[5]이 되었다.

| **네 번째 문제** | 워렌 버핏은 경제적으로 훨씬 매력적인 현상도 발견했

Chapter 02

다. 이런 기업들은 사업성이 매우 뛰어나기 때문에 파산할 가능성이 전혀 없었다. 따라서 월스트리트 투기꾼들이 이런 기업의 주가를 낮추면 낮출수록, 낮은 가격에 주식을 매수한 워렌 버핏은 그만큼 손해를 볼 위험이 줄어들었다. 또 주가가 낮다는 것은 그만큼 상승 잠재력도 크다는 것을 의미한다. 또한 그가 이런 주식을 오래 보유할수록 이들 기업의 우수한 경제성을 통해 수익을 올릴 기회는 더 많아졌다. 따라서 이런 기업들이 지속적으로 부를 창출해낸다는 것을 주식시장이 발견하기만 하면, 주식시장은 이들 기업에 달려들어 주가를 상승시킬 것이기 때문에 워렌 버핏은 거부가 될 수 있었다.

이런 모든 사실은 '이익을 극대화하기 위해서는 리스크를 높여야 한다'는 월스트리트의 격언을 완전히 뒤집는 것이었다. 이를 통해 워렌 버핏은 투자의 성배를 발견했다. 바로 리스크는 감소시키면서도 수익은 증가시키는 투자법을 찾아낸 것이다.

| 다섯 번째 문제 | 워렌 버핏은 초우량기업의 주가가 하락하기를 기다릴 필요가 없다는 것도 깨달았다. 이런 주식은 반드시 헐값이 아니어도 적절한 가격에 매수하여 충분히 오래 보유하면 결국엔 수익을 낼 수 있다는 사실을 알게 되었다. 더욱이 워렌 버핏은 주식을 오래 보유하고 팔지 않으면, 세금(주식 양도차익세)은 먼 훗날에 한 번 납부하는 것으로 그칠 수 있다는 것도 깨달았다. 즉 주식을 오래 보유하고 있는다면, 세금 없이 복리수익률을 올릴 수 있는 것이다.

가치투자의 아버지도 몰랐던 투자의 진실

다음 사례를 살펴보자.

1973년 워렌 버핏은 1,100만 달러를 투자해 장기적인 경쟁우위를 가진 워싱턴포스트 주식을 매수했다. 그리고 2008년까지 35년 동안 이 투자를 유지하였다. 워렌 버핏이 투자를 유지한 35년 동안, 워싱턴포스트에 대한 그의 투자가치는 14억 달러로 증가했다. 1,100만 달러의 투자금을 무려 14억 달러로 만든 것이다! 결코 적은 액수가 아니다. 더욱이 워렌 버핏은 그동안 단 한 주도 매도하지 않았기 때문에 그가 거둔 수익에 대해 단 한 푼의 세금도 낼 필요가 없었다.

만약 그레이엄이었다면 '50% 규칙'에 따라 1976년에 워싱턴포스트 주식을 1,600만 달러 정도에 매도해 차익의 39%를 주식 양도차익세로 납부했을 것이다(주식 양도차익이 500만 달러라면, 세금은 195만 달러에 달한다!). 월스트리트의 펀드 매니저들이었다면 고작 10~20%의 이익을 얻기 위해 지난 35년간 이 주식을 수천 번 사고팔았을 것이고, 주식을 팔 때마다 세금을 납부했을 것이다. 그러나 워렌 버핏은 그 투자를 통해 거의 12,727%의 수익률을 올렸을 뿐만 아니라, 14억 달러의 수익에 대해 한 푼의 세금도 내지 않았다.

워렌 버핏은 장기적인 경쟁우위를 가진 기업에 투자하면 결국 시간이 자신을 거부로 만들어준다는 사실을 알게 되었다.

Chapter 03

당신을 부자로 만들어줄 초우량주의 특징

장기적인 경쟁우위를 가진 기업이 우리를 거부로 만들어준다면, 이런 기업은 어떻게 찾을 수 있을까? 우리를 부자로 만들어줄 기업, 장기적인 경쟁우위를 가진 기업을 찾아나서기 전에 그런 기업들은 어떤 특징을 갖고 있는지 먼저 알아야 한다. 워렌 버핏은 이런 초우량기업들은 기본적으로 세 가지 비즈니스 모델에 속한다는 것을 발견했다. 이들은 자신만의 고유한 제품, 혹은 자신만의 고유한 서비스를 판매하거나, 또는 사람들이 지속적으로 필요로 하는 제품이나 서비스를 저가로 구매해 저가에 판매하는 비즈니스 모델을 갖고 있었다.

그럼 각각의 비즈니스 모델에 대해 살펴보자.

자신만의 고유한 제품을 판매하는 기업

코카콜라, 펩시콜라, 리글리(리글리 껌 생산업체), 허쉬(허쉬 초콜릿 생산업체), 버드와이저, 쿠어스(쿠어스 맥주 생산업체), 크래프트(미국의 식품 및 음료 생산업체), 워싱턴포스트, 프록터 & 갬블(미국의 가정용품 생산업체), 필립모리스(미국의 담배회사)가 자신만의 고유한 제품을 판매하는 비즈니스 모델을 가진 대표적인 기업들이다.

이러한 기업들은 소비자의 필요를 충족시키고 그들만의 고유한 제품을 경험하게 함으로써, 즉 꾸준한 광고 프로모션을 통해 소비자의 마음속에 제품에 대한 스토리를 주입한다. 그럼으로써 소비자들이 필요할 때마다 자연스럽게 자신들의 제품을 떠올리도록 만들었다. 그래서 우리는 껌을 씹고 싶으면 리글리 껌을 생각하게 되었고, 열심히 일한 후 시원한 맥주를 마시고 싶으면 버드와이저를 떠올리게 되었다. 또 코카콜라를 한 잔 마시면 일이 더 잘 풀릴 것 같다는 느낌을 갖게 되었다.

워렌 버핏은 이런 기업들은 소비자들의 마음을 얻은 기업이라고 생각했다. 한 기업이 소비자의 마음을 얻으면 제품을 바꿀 필요가 없다. 제품을 바꿀 필요가 없다는 것은, 여러분도 곧 이해하게 되겠지만, 기업에게는 매우 좋은 일이다. 이런 회사는 또한 어렵지 않게 제품 가격을 올릴 수 있고, 더 많은 제품을 팔 수 있기 때문에 회사의 재무제표는 더욱 좋아진다.

Chapter 03

자신만의 고유한 서비스를 판매하는 기업

무디스(미국의 신용평가기관), H&R블록(미국의 세무회계 서비스업체), 아메리칸 익스프레스(미국의 신용카드 및 보험금융회사), 서비스마스터(방충, 청소, 집수리 등 미국의 토탈 홈케어서비스 전문업체), 웰스 파고(모기지대출을 전문으로 하는 미국의 대형은행) 등이 이런 비즈니스 모델에 속하는 대표적인 기업들이다.

변호사나 의사처럼, 이런 기업들은 사람들이 필요로 하고 기꺼이 대가를 지불하는 서비스를 판매한다. 그러나 변호사나 의사와 달리, 이런 기업들은 개인적 성격이 아니라 기업적 성격을 가진 회사다. 소비자들은 세금납부를 준비할 때 H&R블록에서 일하는 어떤 특정 회계사를 떠올리는 것은 아니다.

워렌 버핏이 살로먼 브라더스(미국 월스트리트의 투자은행, 1998년 시티그룹에 합병되었다)를 인수할 때도, 그는 개인이 아니라 회사를 인수한다고 생각했다(후에 그는 살로먼 브라더스를 다시 매각했다). 그러나 워렌 버핏은 고유한 서비스를 판매하는 회사라 하더라도 그 회사의 최고 인재가 가장 큰 고객들을 데리고 떠난다면, 이런 회사는 개인적 성격을 가진 회사라고 생각했다. 개인적 성격을 가진 회사에서는 직원들이 회사 이익의 많은 부분을 요구해 가져갈 수 있다. 그렇게 되면 회사의 소유자와 주주에 돌아가는 이익은 적어지기 때문에, 이런 회사에 투자해서는 부자가 되기 어렵다.

자신만의 고유한 서비스를 판매하는 기업의 경제성은 엄청날 수 있다. 이런 회사는 제품을 다시 디자인하거나 생산설비를 구축하고 제품 보관창고를 짓는 데 많은 돈을 쓸 필요가 없다. 고유한 서비스를 판매하면서 소비자의 마음을 얻은 기업들은 제품을 판매하는 기업보다 높은 마진을 올릴 수 있다.

사람들이 지속적으로 필요로 하는 제품이나 서비스를 저가로 구매해 저가에 판매하는 기업

월마트, 코스트코(미국의 대형 할인체인), 네브래스카 가구점, 보르스하임 보석상, 벌링턴 노던 산타페 철도 등이 이런 비즈니스 모델을 가진 대표적인 기업들이다.

이들 기업들은 낮은 마진을 높은 매출로 보완하는 '박리다매 전략'을 추구한다. 여기서 관건은 저가 판매자이면서 동시에 저가 구매자가 되는 것이다. 그래야 경쟁자보다 조금이나마 마진을 더 높일 수 있고, 계속 저가 판매자로 남아 있을 수 있다.

한 도시에서 가장 저렴한 가격으로 제품을 판매하면 소비자들이 몰려들게 된다. 예를 들어 오마하에서 난로가 필요하면 사람들은 가장 적합한 난로를 가장 저렴한 가격에 구입하기 위해 네브래스카 가구점으로 갈 것이다. 대륙을 횡단해 상품을 보내야 하는가? 그렇다면 벌링턴 노던 산타페 철도가 가장 저렴한 비용으로 서비스를 제공할 것이다. 조그만 도시에 살고 있는데 가장 저렴한 가격에 가장 적합한 물건을 찾고 있는가? 그러면 월마트로 갈 것이다.

Chapter 03

논리는 매우 간단하다. 자신만의 고유한 제품이나 서비스를 팔거나, 제품이나 서비스를 저가로 구매해 저가에 판매하면, 몬테카를로(모나카의 카지노가 몰려 있는 도시. 즉 돈이 넘쳐나는 곳)의 은행을 턴 것처럼 계속 돈을 긁어모을 수 있다.

Chapter 04

부자가 되는 승차권을 잡아라

워렌 버핏은 모든 부를 창출하는 것은 경쟁우위의 '지속성'이라는 사실을 알았다. 코카콜라는 지난 120년 동안 똑같은 제품을 팔아왔고, 향후에도 똑같은 제품을 팔 가능성이 크다.

장기적인 기업이익을 창출하는 것은 바로 이와 같은 제품의 지속성이다. 만약 한 기업이 제품을 바꿀 필요가 없으면, 차기 제품 개발을 위한 연구개발이나 차기 제품 제조설비에 많은 돈을 쓸 필요가 없다. 따라서 회사 금고에는 돈이 쌓이고, 부채를 사용하거나 이자를 지불할 필요도 없다. 또한 영업 확장이나 자기주식 매입에 쓸 돈은 많아지기 때문에 회사의 이익과 주가는 상승한다. 이로 인해 주주는 결국 더욱더 부자가 된다.

워렌 버핏은 기업의 재무제표를 볼 때 '지속성'을 찾는다. 해당 기업의

Chapter 04

총마진은 지속적으로 높은 수준을 유지하는가? 해당 기업은 지속적으로 낮은 또는 제로 부채를 유지하는가? 해당 기업은 지속적으로 연구개발에 적은 돈만을 지출하고 있는가? 해당 기업의 이익은 지속적인가? 또 이익은 지속적으로 성장하는가? 이처럼 워렌 버핏은 해당 기업의 경쟁우위가 '장기적'인지 알아보기 위해 재무제표에서 이런 '지속성'을 확인했다.

워렌 버핏이 재무제표를 분석한 것은 바로 해당 기업이 '장기적'인 경쟁우위를 갖고 있는지 확인하기 위해서였다.

Chapter 05

재무제표에 10루타 주식이 숨어 있다

🔍 워렌 버핏이 장기적인 경쟁우위를 가진 기업, 즉 피터 린치의 표현을 빌리자면 10배 오를 주식인 '10루타'를 찾아내는 곳은 재무제표이다. 해당 기업이 영원히 형편없는 실적을 낼 그저 그런 이류기업인지, 아니면 장기적인 경쟁우위를 가진 기업인지 말해주는 것은 바로 그 기업의 재무제표다.

10배 오를 주식을 찾기 위해 살펴봐야 할 대표적인 재무제표로는 손익계산서, 대차대조표, 현금흐름표가 있다.

손익계산서

손익계산서는 일정 기간 동안 해당 기업이 얼마나 많은 돈을 벌었는지를 알려주는 재무제표다. 전통적으로 기업의 회계책임자는 주주들을 위해 분기 및 반기 손익계산서 그리고 전체 회계연도의 연간 손익계산서를 작성한다. 이런 손익계산서를 통해, 워렌 버핏은 회사의 이익률(마진), 자기자본이익률^{ROE} 그리고 가장 중요하게는 회사의 이익 추세와 이익의 지속성을 판단한다. 이런 요소들은 모두 해당 기업이 장기적인 경쟁우위를 갖고 있는지 판단하는 데 필수적인 지표들이다.

대차대조표

대차대조표는 해당 기업이 얼마나 많은 돈을 갖고 있으며, 빚은 얼마인지를 말해주는 재무제표다. 회사가 가지고 있는 돈에서 회사가 진 빚을 빼면, 그 회사의 순자산이 얼마인지 알 수 있다. 기업은 한 회계연도의 어느 특정일(전통적으로 분기 말, 반기 말, 회계연도 말)을 기준으로 대차대조표를 만들어 현재 해당 기업이 보유하고 있는 재산, 빚 그리고 순자산이 얼마인지를 보고한다. 워렌 버핏은 대차대조표 기입사항 중 현금이나 장기부채 같은 항목을 가지고 그 회사의 장기적인 경쟁우위를 판단한다.

현금흐름표

현금흐름표는 해당 기업의 현금 유입과 현금 유출을 기록한 것이다. 현금흐름표는 그 회사가 돈을 벌기 위해 얼마나 많은 돈을 사용하고 있는지 확인하는 데 좋은 재무제표다. 또한 현금흐름표를 통해 채권과 주식의 매도와 매수 상황을 알 수 있다. 일반적으로 기업은 대차대조표, 손익계산서와 함께 현금흐름표를 작성해 공개한다.

다음 장에서 우리는 해당 기업이 장기적인 경쟁우위를 갖고 있는지 판단하기 위해 워렌 버핏이 주목하는 손익계산서, 대차대조표, 현금흐름표상의 주요 항목과 지표들을 상세히 살펴볼 것이다.

PART

 워렌 버핏의 눈으로
손익계산서 보기

투자자라면 수많은 기업의 연차 보고서와 재무제표를 읽어야 한다.
어떤 사람은 플레이보이를 읽지만, 나는 연차 보고서를 읽는다.

— 워렌 버핏 —

Chapter 06

손익계산서

버핏이 제일 먼저 보는 재무제표

손익계산서	(단위: 100만 달러)
매출액	10,000
매출원가	3,000
매출총이익	7,000
영업비용	
판매비와관리비	2,100
연구개발비	1,000
감가상각비	700
영업이익	3,200
이자비용	200
자산처분이익(손실)	(1,275)
기타영업외이익(손실)	(225)
법인세 차감 전 순이익	1,500
법인세	525
당기순이익	975

Chapter 06

장기적인 경쟁우위를 가진 매력적인 기업을 찾기 위해 워렌 버핏이 맨 처음 하는 일은 해당 기업의 손익계산서를 분석하는 것이다. 손익계산서는 일정 기간 동안 해당 기업이 기록한 사업 실적을 보고한 것이다. 전통적으로 손익계산서는 각 분기와 회계연도 말에 보고된다. 손익계산서에는 예를 들어 '2009년 1월 1일부터 2009년 12월 31일까지'처럼 항상 해당 기간이 기록되어 있다.

손익계산서는 세 가지 요소로 구성되어 있다. 첫째는 회사의 매출액이고, 다음은 비용이다. 회사의 매출액에서 비용을 뺀 것이 그 회사의 이익 또는 손실이다. 간단하지 않은가? 사실 손익계산서 분석은 별로 어렵지 않다.

주식 분석의 초창기에는 워렌 버핏의 스승 벤저민 그레이엄 같은 당대의 대가도 해당 기업이 이익을 냈는지에만 초점을 맞췄다. 반면 그 회사의 이익이 장기적으로 지속될 것인지에 대해서는 거의 또는 전혀 관심을 기울이지 않았다. 앞서 살펴본 것처럼, 그레이엄은 해당 기업이 우수한 경제성을 갖춘 특별한 기업인지 아니면 그저 살아남기 위해 애쓰는 수많은 그저 그런 이류기업인지에 대해 관심을 기울이지 않았다. 그레이엄이라면 본질적으로 형편없는 기업이라 해도 충분히 싼 값에 살 수 있으면 그 주식을 매수할 것이다.

반면 워렌 버핏은 기업을 두 부류로 나눈다. 하나는 경쟁자에 대해 장기적인 경쟁우위를 가진 기업이다. 이런 기업은 적정가격 또는 그보다 낮은 가격에 사서 충분히 오랫동안 보유하면 워렌 버핏을 거부로 만들어줄 기업들이었다. 또 다른 부류는 계속해서 시장경쟁에 시달리는 그저 그런 기업들인데, 이런 기업은 지속적으로 투자자에게 형편없는 수익만을 안겨준다.

장기적인 경쟁우위를 가진 훌륭한 기업을 찾는 과정에서 워렌 버핏은 기업의 손익계산서 개별 항목들을 살펴보면 해당 기업이 엄청난 부를 창출해내는 장기적인 경쟁우위를 갖고 있는지 아닌지 알 수 있다는 사실을 알아냈다. 손익계산서 분석을 통해 워렌 버핏은 기업이 돈을 벌고 있는지 뿐만 아니라, 회사의 이익률(마진)은 어떤 성격인지, 경쟁우위를 유지하기 위해 연구개발에 많은 투자를 해야 하는 회사인지 아닌지, 그리고 돈을 벌기 위해 많은 차입이 필요한 회사인지 아닌지를 알 수 있었다. 바로 이런 것이 그가 해당 회사의 경제성을 파악하기 위해 손익계산서에서 찾던 정보들이었다. 워렌 버핏에게는 이익의 원천이 이익 그 자체보다 항상 더 중요했다.

이제부터 재무제표의 개별 항목들, 그리고 형편없는 기업과 장기적인 경쟁우위를 가진 기업을 구별하기 위해 워렌 버핏이 사용한 분석 방법을 집중적으로 살펴볼 것이다.

Chapter 07

매출액

비용과 함께 검토해야 할 항목

손익계산서	(단위: 100만 달러)
매출액	10,000
매출원가	3,000
매출총이익	7,000
영업비용	
판매비와관리비	2,100
연구개발비	1,000
감가상각비	700
영업이익	3,200
이자비용	200
자산처분이익(손실)	(1,275)
기타영업외이익(손실)	(225)
법인세 차감 전 순이익	1,500
법인세	525
당기순이익	975

매출액

손익계산서의 맨 윗줄은 항상 그 회사의 매출액이 기록된다. 매출액은 해당 기간 동안 그 회사에 들어온 돈의 액수이며, 분기나 연간 단위로 보고된다. 만약 한 신발회사가 1년에 1억 2,000만 달러어치의 신발을 팔았다면, 연간 손익계산서에 1억 2,000만 달러를 매출액으로 기록할 것이다.

그러나 한 회사가 많은 매출액을 올렸다는 것이 그 회사가 이익을 기록했다는 것을 의미하지는 않는다. 따라서 한 회사가 이익을 기록했는지 확인하기 위해서는 매출액에서 사업비용을 빼야 한다. 즉 '매출액−비용 = 순이익'이 된다. 비용을 뺀 후 순이익이 얼마인지 알기 전까지 매출액은 장기적인 경쟁우위를 판단하는 데 아무런 의미가 없다.

워렌 버핏은 매출액을 잠깐 살펴본 다음, 오랫동안 그리고 아주 치밀하게 비용을 분석한다. 많은 돈을 벌기 위해서는 돈을 적게 써야 한다는 비밀을 그는 알고 있었던 것이다.

Chapter 08

매출원가

어떤 항목이 포함되었는지 따져볼 것

손익계산서	(단위: 100만 달러)
매출액	10,000
매출원가	3,000
매출총이익	**7,000**
영업비용	
판매비와관리비	2,100
연구개발비	1,000
감가상각비	700
영업이익	**3,200**
이자비용	200
자산처분이익(손실)	(1,275)
기타영업외이익(손실)	(225)
법인세 차감 전 순이익	**1,500**
법인세	525
당기순이익	**975**

매출원가

손익계산서에서 매출액 항목 바로 아래에 오는 것이 매출원가 또는 영업수익원가다. 매출원가는 회사가 판매하는 상품의 구매비용(상사의 경우), 혹은 회사가 판매하는 제품의 제조에 사용되는 자재와 노동 비용(제조사의 경우)을 말한다. '영업수익원가'란 제품이 아니라 보통 서비스를 제공하는 회사의 경우 '매출원가' 대신 사용하는 용어다. 매출원가와 영업수익원가는 본질적으로 같지만, 매출원가가 영업수익원가보다 다소 포괄적인 개념이다. 매출원가나 영업수익원가를 살펴볼 때는 회사가 매출원가나 영업수익원가를 계산할 때 어떤 항목을 포함시키는지 정확히 조사해야 한다. 그래야 회사의 사업에 대한 경영진의 마인드를 알 수 있다.

간단한 예로 가구공장으로부터 가구를 구입하여 소비자에게 판매하는 가구판매회사의 매출원가 계산법을 살펴보자. 매출원가를 계산하기 위해 가구회사는 연초의 가구 재고자산 잔액에 그해에 발생한 가구 구매비용을 더하고 연말에 남은 가구 재고자산 잔액을 뺀다. 따라서 이 회사의 재고 잔액이 연초 1,000만 달러였고, 그해 가구 구매비용으로 200만 달러를 지출했으며, 연말 재고 잔액이 700만 달러라면, 이 회사의 매출원가는 500만 달러가 된다(기초 재고자산 잔액 1,000만 달러+당기 상품 구매비용 200만 달러-기말 재고자산 잔액 700만 달러 = 500만 달러).[6]

매출원가만으로는 장기적인 경쟁우위를 판단할 수 없다. 그러나 매출원가는 기업의 장기적인 경쟁우위를 판단하는 데 매우 중요한 지표인 매출총이익에 큰 영향을 미친다. 다음 장에서 이를 살펴보자.

Chapter 09

매출총이익과 매출총이익률

우량 기업 여부를 확인하는 유용한 잣대

손익계산서	(단위: 100만 달러)
▶ **매출액**	**10,000**
매출원가	3,000
▶ **매출총이익**	**7,000**
영업비용	
판매비와관리비	2,100
연구개발비	1,000
감가상각비	700
영업이익	**3,200**
이자비용	200
자산처분이익(손실)	(1,275)
기타영업외이익(손실)	(225)
법인세 차감 전 순이익	**1,500**
법인세	525
당기순이익	**975**

매출총이익과 매출총이익률

위의 손익계산서에서 매출총이익률은 매출총이익 70억 달러 ÷ 매출액 100억 달러로 70%가 된다. 회사의 매출액에서 매출원가를 빼면 매출총이익이 된다. 즉 매출액 100억 달러에서 매출원가 70억 달러를 빼면 매출총이익은 30억 달러가 된다.

매출총이익은 매출액에서 상품을 만드는 데 사용된 원자재와 노동비용, 혹은 상품 구입비용 등을 제하고 회사가 얼마나 많은 돈을 벌었는지를 보여준다. 판매비와관리비, 감가상각비, 이자비용 등은 아직 차감되지 않았다.

매출총이익은 그 자체로는 우리에게 말해주는 것이 별로 없다. 그러나 매출총이익 수치를 사용해 우리는 그 회사의 경제성에 대해 많은 것을 말해주는 매출총이익률을 구할 수 있다. 매출총이익률을 구하는 공식은 다음과 같다.

매출총이익률 = 매출총이익 ÷ 매출액

워렌 버핏의 목적은 장기적인 경쟁우위를 가진 기업, 지속적으로 그에게 수익을 가져다 줄 기업을 찾는 것이다. 워렌 버핏이 깨달은 것은 뛰어난 경제성을 가진 기업은 그렇지 않은 기업보다 지속적으로 더 높은 매출총이익률을 기록한다는 것이다. 이를 확인해보자.

워렌 버핏이 이미 장기적인 경쟁우위를 가졌다고 본 기업들의 매출총이익률을 살펴보면 코카콜라의 경우 지속적으로 60% 이상의 매출총이

Chapter 09

익률을 기록하고 있고, 신용평가사 무디스는 73%, 벌링턴 노던 산타페철도는 61%, 그리고 리글리는 51%의 매출총이익률을 기록하고 있다.

이런 우수한 기업들을 지속적인 경제성이 약한 몇몇 기업들과 비교해보자. 항상 파산위기에 시달리는 유나이티드 항공의 매출총이익률은 14%, 많은 문제를 앉고 있는 제너럴 모터스의 매출총이익률은 21%, 한때 위기를 겪었지만 지금은 가까스로 수익을 내고 있는 US 스틸의 매출총이익률은 17%, 그리고 전천후로 판매되는 제품을 갖고 있기는 하지만 경제성은 나쁜 굿이어 타이어의 매출총이익률은 20%에 불과하다.

워렌 버핏이 잘 알지 못해 투자하지 않고 있는 기술주의 경우를 보자. 마이크로소프트의 경우 꾸준히 79% 정도의 매출총이익률을 기록하고 있지만, 애플은 33%에 머물고 있다. 두 회사의 매출총이익률 차이를 통해 우리는 컴퓨터 운영시스템과 소프트웨어를 판매하고 있는 마이크로소프트가 컴퓨터 하드웨어와 관련 서비스를 판매하고 있는 애플보다 좋은 경제성을 갖고 있음을 알 수 있다.

매우 일반적으로 말할 때(물론 예외는 있다), 매출총이익률이 40% 이상인 기업은 어느 정도 장기적인 경쟁우위를 가진 기업이라고 볼 수 있다. 반면 매출총이익률이 40% 미만인 기업들(경쟁으로 인해 전반적인 이익률이 훼손되는)은 경쟁이 심한 업종에 속한 기업일 가능성이 크다(물론 여기에도 예외는 있다). 그리고 매출총이익률이 20% 미만인 경우에는 장기적인 경쟁우위를 가질 수 없을 정도로 경쟁이 극심한 업종에 속한 기업일 가능성이 크다. 이처럼 경쟁이 극심한 업종에 속해 경쟁우

매출총이익과 매출총이익률

위가 없는 기업은 결코 우리를 부자로 만들어주지 못한다.

하지만 매출총이익률이 절대적으로 안전한 기업평가지표는 아니다. 그러나 분석 초기단계에서 해당 기업이 장기적인 경쟁우위를 갖고 있는지 판단하는 데 사용할 수 있는 유용한 지표임에는 분명하다. 워렌 버핏은 '영속적(지속적)'이란 말을 매우 강조하고 있다. 따라서 안전을 위해 우리는 과연 해당 기업의 경쟁우위가 '지속적'인 것인지 확인하기 위해 과거 10년간의 매출총이익률을 조사해야 한다. 워렌 버핏은 장기적인 경쟁우위를 가진 기업을 찾을 때, '지속성'이 관건이란 것을 알고 있었다.

매출총이익률이 높은 기업이라 해도 그 빛을 잃고 장기적인 경쟁우위가 사라지는 경우가 많은데, 바로 높은 연구개발비용, 판매비와관리비, 이자비용 때문이다. 이 세 비용 중 어느 하나라도 기업의 지속적인 경제성을 파괴할 수 있다. 이런 비용이 바로 영업비용인데, 영업비용은 모든 기업의 두통거리이다.

영업비용

버핏이 항상 신경 쓰는 항목

손익계산서	(단위: 100만 달러)
매출액	10,000
매출원가	3,000
매출총이익	7,000
▶ 영업비용	
판매비와관리비	2,100
연구개발비	1,000
감가상각비	700
영업이익	3,200
이자비용	200
자산처분이익(손실)	(1,275)
기타영업외이익(손실)	(225)
법인세 차감 전 순이익	1,500
법인세	525
당기순이익	975

영업비용

매출총이익 바로 아래 영업비용 항목들이 온다. 영업비용에 속하는 것은 신제품 개발을 위한 연구개발비R&D, 제품 판매에 소요되는 판매비와관리비, 감가상각비와 무형자산상각비, 구조조정비용과 감산비용[7], 그리고 기타경성비용[8]이다.

이런 항목을 모두 합한 것이 그 회사의 총영업비용이고, 매출총이익에서 영업비용을 빼면 영업이익이나 영업손실이 된다. 이런 영업비용 항목들은 모두 기업의 지속적인 경제성에 큰 영향을 미치기 때문에, 워렌 버핏의 분석기법에 따라 이 항목들을 하나하나 검토해보도록 하자.

Chapter 11

판매비와관리비
지속적으로 낮으면 금상첨화

손익계산서	(단위: 100만 달러)
매출액	10,000
매출원가	3,000
매출총이익	7,000
영업비용	
판매비와관리비	2,100
연구개발비	1,000
감가상각비	700
영업이익	3,200
이자비용	200
자산처분이익(손실)	(1,275)
기타영업외이익(손실)	(225)
법인세 차감 전 순이익	1,500
법인세	525
당기순이익	975

판매비와관리비

🔍 판매비와관리비 항목을 구성하는 것은 직접 및 간접 판매비와관리비와 해당 회계연도에 발생한 모든 일반 관리비이며, 여기에는 임직원 급여, 광고비, 여비교통비, 법률비용, 커미션 등이 포함된다.

코카콜라 같은 회사의 경우, 판매비와관리비는 수십억 달러에 달해 회사의 손익에 큰 영향을 미친다. 매출총이익에 대한 비율로 볼 때 판매비와관리비는 회사에 따라 매우 다르며, 코카콜라같이 지속적인 경쟁우위를 가진 회사들 간에도 차이가 크다. 코카콜라의 매출총이익 대비 판매비와관리비 비율은 '꾸준하게' 평균 59% 수준이며, 무디스는 25%, 프록터 & 갬블은 약 61% 수준이다. 여기서 중요한 것은 '꾸준히'란 말이다.

장기적인 경쟁우위를 갖지 못한 회사는 극심한 경쟁에 시달리기 때문에 매출총이익 대비 판매비와관리비 비율이 들쭉날쭉하다. 2003년에서 2007년까지 5년간 제너럴 모터스의 매출총이익 대비 판매비와관리비 비율은 28%에서 83%로 변화가 심했다. 같은 기간 동안 포드의 매출총이익 대비 판매비와관리비 비율은 적게는 89%, 많게는 780%에 이르렀다. 이는 회사가 정신없이 돈을 잃었다는 것을 의미한다. 매출액이 감소해 영업이익은 줄었지만, 판매비와관리비는 줄지 않았던 것이다. 이처럼 필요할 때 신속하게 판매비와관리비를 줄이지 못하면 회사의 매출총이익을 갉아 먹고, 결국 수익을 감소시킨다.

장기적인 경쟁우위와 관련해, 매출총이익 대비 판매비와관리비 비율이 낮을수록 좋은 기업이다. 특히 판매비와관리비 비율이 '지속적'으로 낮으면, 매우 좋은 기업이다. 대체로 매출총이익 대비 판매비와관리

Chapter 11

비 비율이 30% 미만이면 훌륭한 기업이다. 그러나 장기적인 경쟁우위를 가진 기업이라 해도 매출총이익 대비 판매비와관리비 비율이 30%에서 80% 범위에 속하는 경우도 많다. 반면 매출총이익 대비 판매비와관리비 비율이 지속적으로 100% 수준에 근접하거나 100%를 초과하는 기업은, 어떤 기업일자리도 장기적인 경쟁우위를 유지할 수 없는 매우 경쟁이 심한 업종에 속한 기업일 가능성이 크다.

또한 판매비와관리비는 낮지만 연구개발비용이나 자본적지출, 또는 이자비용이 높아 장기적인 경쟁우위를 유지하지 못하는 기업도 있다. 인텔의 경우 매출총이익 대비 판매비와관리비 비율은 낮지만, 연구개발비용이 높아 장기적인 경쟁우위는 그리 우수하지 못하다. 그러나 연구개발비를 투자하지 않으면, 현재 인텔의 제품은 10년 내에 시대에 뒤처진 제품이 되어 사업을 지속할 수 없게 될 것이다.

굿이어 타이어의 매출총이익 대비 판매비와관리비 비율은 72%로 양호한 수준이지만, 자본적지출과 자본적지출을 위해 조달한 부채의 이자비용이 높아 경기가 침체할 때마다 회사는 적자를 기록한다. 그러나 자본적지출을 위해 필요한 부채를 조달하지 않으면, 굿이어 타이어는 지속적으로 경쟁력을 유지할 수 없다.

워렌 버핏은 판매비와관리비가 지속적으로 높은 저주받은 기업은 피해야 한다는 사실을 알았다. 또한 그는 판매비와관리비가 낮은 기업이라 해도 연구개발비나 자본적지출, 또는 부채가 많으면 회사의 경제성이 파괴될 수 있다는 사실도 알았다. 이런 기업들은 틀림없이 장기적으로 경

❦ 판매비와관리비 ❦

제성이 열악해져 주가가 아무리 낮아도 투자자에게 수익을 안겨주지 못한다. 따라서 워렌 버핏은 주가와 상관없이 이런 기업에는 투자하지 않는다.

Chapter 12

연구개발비
버핏이 좋아하지 않는 비용

손익계산서	(단위: 100만 달러)
매출액	10,000
매출원가	3,000
➡ **매출총이익**	7,000
영업비용	
판매비와관리비	2,100
➡ 연구개발비	1,000
감가상각비	700
영업이익	3,200
이자비용	200
자산처분이익(손실)	(1,275)
기타영업외이익(손실)	(225)
법인세 차감 전 순이익	1,500
법인세	525
당기순이익	975

062

연구개발비

장기적인 경쟁우위를 가진 기업을 찾는 과정에서 주의 깊게 살펴봐야 할 항목 중 하나가 연구개발비이다. 특허권이나 어떤 기술적 우위를 가진 회사가 장기적인 경쟁우위를 가진 경우가 많다. 그러나 제약회사처럼 특허권으로 인해 장기적인 경쟁우위를 갖게 되었다 해도 어느 시점이 되면 특허권은 종료되고, 그러면 회사의 경쟁우위는 사라진다.

장기적인 경쟁우위를 갖게 된 것이 어떤 기술적 우위 때문이었다면, 보다 새로운 기술이 그 기술을 대체할 위협은 항상 존재한다. 마이크로소프트가 구글의 기술혁신을 두려워하는 것도 바로 이런 이유 때문이다. 기술적 우위로 인해 오늘 경쟁우위를 누리고 있다 해도, 내일이면 다른 기술혁신에 밀려 뒤처질 수 있는 것이다.

이런 회사들은 연구개발비로 많은 돈을 지출해야 할 뿐만 아니라, 항상 새로운 제품을 개발해야 한다. 그렇기 때문에 판매계획을 재조정하고 업데이트해야 하며, 따라서 판매비와관리비에도 많은 돈을 써야 한다. 머크(미국의 화공 및 의약품 제조업체)의 경우, 매출총이익의 29%를 연구개발비에 쓰고 49%를 판매비와관리비에 써야 한다. 두 비용을 합하면 매출총이익의 78%에 이른다. 즉 머크가 수십억 달러의 매출을 올려줄 차기 제품을 개발하지 못하면, 현재 의약품 특허권이 종료되는 시점이 되면 머크의 경쟁우위는 사라질 것이다.

빠르게 변화하는 IT업종의 선두주자인 인텔도 매출총이익의 약 30%를 연구개발비로 꾸준히 지출해야 한다. 그렇게 하지 않으면, 인텔의 경쟁우위는 불과 몇 년 사이에 사라지고 말 것이다.

◇ Chapter 12 ◇

워렌 버핏은 신용평가사 무디스를 오랫동안 좋아했는데, 거기에는 몇 가지 이유가 있었다. 무디스는 연구개발비를 전혀 지출하지 않고, 매출총이익 대비 판매비와관리비 비율도 평균 25%에 불과하다. 코카콜라의 경우 연구개발비를 지출하지는 않지만, 많은 광고비를 지출해야 한다. 그럼에도 불구하고 코카콜라의 매출총이익 대비 판매비와관리비 비율은 평균 59%에 불과하다. 이 두 회사는 의약특허권 만기나 기술경쟁에서의 패배를 전혀 두려워할 필요가 없는 회사다.

워렌 버핏의 원칙은 연구개발에 많은 비용을 지출하는 회사는 경쟁우위에 내적 결함이 있어 언제라도 회사의 지속적인 경제성이 위험에 빠질 수 있다. 따라서 확실한 투자 대상이 될 수 없다는 것이다. 그리고 확실하지 않으면 워렌 버핏은 관심을 갖지 않는다.

Chapter 13

감가상각비

이익을 계산할 때 꼭 비용으로 반영하라

손익계산서	(단위: 100만 달러)
매출액	10,000
매출원가	3,000
▶ 매출총이익	**7,000**
영업비용	
판매비와관리비	2,100
연구개발비	1,000
▶　　감가상각비	700
영업이익	**3,200**
이자비용	200
자산처분이익(손실)	(1,275)
기타영업외이익(손실)	(225)
법인세 차감 전 순이익	**1,500**
법인세	525
당기순이익	**975**

Chapter 13

모든 기계와 건물(자산)은 시간이 가면 결국 낡게 된다. 이처럼 기계나 건물이 낡아감에 따라 감소하는 가치를 비용으로 처리한 것이 감가상각비다. 기본적으로 한 회계연도에 발생한 자산의 가치 감소액(감가액)을 비용으로 보는 것은 합리적이다. 자산의 감가액에 해당하는 돈은 그해 기업의 영업수익을 창출한 사업활동에 사용된 돈이라고 할 수 있기 때문이다.

예를 들어 A인쇄소가 100만 달러짜리 인쇄기를 구입했는데, 이 인쇄기의 수명은 10년이라고 가정해보자. 인쇄기의 수명이 10년이기 때문에, 미 국세청^{IRS}은 회사가 인쇄기를 구입한 전체 비용(취득원가) 100만 달러를 구입한 그해에 모두 비용으로 처리하지 말고, 추후 10년에 걸쳐 매년 10만 달러씩 할당해 비용(감가상각비)으로 처리하도록 한다. 이처럼 사업에 필요한 실제 비용(감가상각비)을 감가상각하는 이유는 미래의 어느 시점이 되면 해당 자산(예를 들어 인쇄기 등)을 새 것으로 교체해야 하기 때문이다.

인쇄기 구입에 따라 대차대조표 자산 항목의 현금 계정에서 100만 달러가 줄고, 대신 설비와 장비 계정에 100만 달러가 추가된다. 그리고 손익계산서에는 향후 10년 동안 매년 10만 달러의 감가상각비가 비용으로 기록된다. 또한 대차대조표의 건물과 기계장치 계정에서는 매년 10만 달러가 차감되고(건물과 기계장치의 자산가치가 매년 10만 달러씩 감소하기 때문에), 감가상각 누계액 계정에는 매년 10만 달러가 추가된다. 그리고 인쇄기 구입을 위해 실제 사용된 100만 달러는 현금흐름표에 자본적

감가상각비

지출로 기록된다. 여기서 강조하고 싶은 것은 인쇄기 구입을 위해 사용된 100만 달러가 구입한 그해에 모두 비용으로 처리되는 것이 아니라, 10년간 매년 10만 달러씩만 비용(감가상각비)으로 처리된다는 것이다.

그런데 월스트리트가 감가상각비를 이해하는 방식은 사뭇 기발하다. 월스트리트는 일단 A사가 인쇄기 구입비용으로 100만 달러를 지불하면, 손익계산서에 연간 10만 달러의 감가상각비를 비용으로 잡아도 실제로는 현금이 추가로 유출되는 것이 아니라는 사실을 알아냈다. 그런데 A사는 감가상각비를 차감한 이익을 국세청에 신고한다. 이는 향후 10년 동안 장부상에 기록되는 이익은 매년 감가상각비를 차감한 수치이다. 즉 단기적인 시각에서 볼 때 A사는 실제로는 추가적인 현금 지출이 없는 비용(감가상각비)을 가지고 있는 것이다. 따라서 월스트리트는 장부상의 이익을 계산할 때 차감된 감가상각비 10만 달러를 다시 이익에 추가할 수 있다고 본다. 이런 식으로 다시 이익을 계산하면, 회사는 LBO(매수 대상 회사의 자본을 담보로 한 차입금에 의한 기업매수 방법)에 필요한 자금을 더 많이 차입할 수 있게 된다. 월스트리트는 이런 식으로 계산된 이익을 EBITDA(이자비용, 법인세, 감가상각비 차감 전 이익)라고 부른다.

이에 대해 워렌 버핏은 EBITDA 개념을 사용하는 월스트리트는 언젠가는 인쇄기가 낡아버리기 때문에 회사는 새 인쇄기를 사야 하고, 그러기 위해서는 결국 100만 달러가 새로 필요하다는 사실을 무시하고 있다고 말한다. 그러나 LBO 과정에 많은 부채를 안게 되면 회사는 신형 인쇄기 구입자금 100만 달러를 조달하지 못할 수도 있다.

Chapter 13

워렌 버핏은 감가상각비는 실제 비용이며, 이익을 계산할 때 항상 반영해야 한다고 본다. 즉 이익을 계산할 때 감가상각비를 실제 비용으로 차감해야 한다는 것이다. 그렇게 하지 않고 EBITDA만 보면 단기간 동안은 해당 기업이 실제보다 많은 이익을 올리고 있다고 착각할 수 있다.[9] 그러나 이런 착각을 하는 사람은 결코 부자가 될 수 없다.

워렌 버핏은 장기적인 경쟁우위를 가진 회사는 극심한 경쟁에 시달리는 회사보다 매출총이익 대비 감가상각비 비율이 더 낮은 경향이 있다는 사실을 발견했다. 예를 들면 코카콜라의 매출총이익 대비 감가상각비 비율은 지속적으로 6% 수준을 유지하고 있다. 역시 장기적인 경쟁우위를 가진 리글리는 7% 수준을 유지하고 있다. 워렌 버핏이 오랫동안 선호했던 프록터 & 갬블의 매출총이익 대비 감가상각비 비율도 약 8% 정도다. 이와 대조적으로 경쟁이 심한 자본집약적 사업을 하고 있는 제너럴 모터스의 매출총이익 대비 감가상각비 비율은 22%에서 57% 사이를 오가고 있다.

워렌 버핏은 회사의 매출총이익을 잠식하는 다른 모든 비용과 마찬가지로, 감가상각비(매출총이익 대비 감가상각비 비율)도 적을수록 좋다고 본다.

Chapter 14

이자비용

재앙을 부르는 전주곡

손익계산서	(단위: 100만 달러)
매출액	10,000
매출원가	3,000
매출총이익	7,000
영업비용	
판매비와관리비	2,100
연구개발비	1,000
감가상각비	700
▶ **영업이익**	3,200
▶ 이자비용	200
자산처분이익(손실)	(1,275)
기타영업외이익(손실)	(225)
법인세 차감 전 순이익	1,500
법인세	525
당기순이익	975

Chapter 14

🔍 이자비용은 한 회사가 대차대조표 부채 항목에서 보유하고 있는 채무에 대해 해당 분기나 회계연도에 지급한 이자를 기록한 것이다. 은행의 경우 이자수익이 이자비용보다 많을 수 있지만, 대부분의 제조업체와 유통업체는 이자수익보다 이자비용이 훨씬 많다. 이자비용은 금융비용이라고도 하는데, 영업비용도 아니고 생산이나 판매 과정과도 연계되지 않기 때문에 그 자체를 독립적인 비용으로 취급한다. 이자는 회사가 대차대조표에 가지고 있는 총부채액을 반영하므로, 부채가 많을수록 이자비용도 많아진다.

영업이익에 비해 이자비용이 많은 회사는 경쟁이 심한 업종에 속하게 된다. 그렇기 때문에 경쟁력 유지를 위해서는 막대한 자본적지출이 필요한 회사거나 LBO로 매수될 때 부채를 안게 된 경제성이 우수한 회사, 둘 중 하나다.

워렌 버핏은 장기적인 경쟁우위를 가진 회사는 이자비용이 거의 또는 전혀 없는 경향이 있다는 사실을 발견했다. 장기적인 경쟁우위를 가진 프록터 & 갬블의 영업이익 대비 이자비용 비율은 8%, 리글리는 7%에 불과하다. 이와 대조적으로 경쟁이 심하고 자본집약적인 타이어 제조사인 굿이어의 경우에는 영업이익 대비 이자비용 비율이 평균 49%에 달한다.

항공 산업같이 경쟁이 심한 업종의 경우도 영업이익 대비 이자비용 비율은 경쟁우위를 확인하는 지표로 사용할 수 있다. 지속적으로 이익을 내는 사우스웨스트 항공사의 영업이익 대비 이자비용 비율은 9%에 불과하지만, 파산의 고비를 왔다갔다 하는 유나이티드 항공의 영업이익 대비

이자비용

이자비용 비율은 61%에 이른다. 그리고 아메리칸 항공의 경우 그 비율은 거의 92%에 달한다.

일반적으로 워렌 버핏이 선호하는 소비재업종에서 장기적인 경쟁우위를 보유한 기업들의 영업이익 대비 이자비용 비율은 모두 15% 미만이다. 그러나 영업이익 대비 이자비용 비율은 업종별로 다르다는 것에 주목해야 한다. 예를 들면 워렌 버핏이 14%의 지분을 보유하고 있는 웰스 파고 은행의 영업이익 대비 이자비용 비율은 약 30%에 달해 코카콜라에 비해 매우 높지만, 미국의 5대 은행 중 가장 낮고 매력적인 비율이다. 웰스 파고는 이들 5대 은행 중 S&P로부터 최고 신용등급[10]을 받은 유일한 은행이기도 하다.

영업이익 대비 이자비용 비율은 해당 회사가 처한 경제적 위험의 수준을 파악하는 데도 매우 유용한 지표이다. 영업이익 대비 이자비용 비율이 평균 70% 정도인 투자은행의 경우를 보자. 2006년 미국 5대 투자은행 중 하나였던 베어스턴스[11]는 영업이익 대비 이자비용 비율이 70%라고 보고했으나, 2007년 11월 말에 이르러 그 비율은 230%로 치솟았다. 이는 베어스턴스가 급증한 이자비용을 지급하려면 자본을 잠식할 수밖에 없다는 것을 의미한다. 베어스턴스처럼 레버리지가 매우 높은 사업을 하는 경우, 영업이익 대비 이자비용 비율이 높으면 재앙이 될 수 있다. 그 결과 한때 매우 우량했고 2007년 초만 해도 주가가 170달러에 달했던 베어스턴스는 2008년 3월 서브프라임모기지 사태를 극복하지 못하고 JP모건 체이스에 주당 10달러에 인수되고 말았다.

Chapter 14

 이자비용과 관련된 분석 원칙은 매우 간단하다. 한 업종에서 영업이익 대비 이자비용 비율이 가장 낮은 기업이 장기적인 경쟁우위를 가진 기업일 가능성이 가장 크다는 것이다. 장기적인 경쟁우위를 가진 기업에 투자하는 것만이 궁극적으로 부자가 될 수 있는 유일한 방법이다.

Chapter 15

자산처분손익과 기타영업외손익

일회성으로 인식하라

손익계산서	(단위: 100만 달러)
매출액	10,000
매출원가	3,000
매출총이익	7,000
영업비용	
판매비와관리비	2,100
연구개발비	1,000
감가상각비	700
영업이익	3,200
이자비용	200
▶　자산처분이익(손실)	(1,275)
▶　기타영업외이익(손실)	(225)
법인세 차감 전 순이익	1,500
법인세	525
당기순이익	975

Chapter 15

한 기업이 (재고자산을 제외한) 어떤 자산을 매각할 경우,[12] 해당 자산의 매각에 따른 이익이나 손실이 손익계산서의 자산처분이익(손실) 항목에 기록된다. 자산처분이익(손실)은 해당 자산의 장부가와 실제 매각금액 간의 차액이다. 한 회사가 100만 달러를 주고 구입한 건물을 보유하고 있다가 50만 달러를 감가상각한 후 그 건물을 80만 달러에 매각했다면, 자산처분이익은 30만 달러가 된다[자산처분이익 = 매각금액－장부가 = 80만 달러－(100만 달러－50만 달러) = 30만 달러].[13] 만약 그 건물을 40만 달러에 매각했다면, 회사는 10만 달러의 자산매각손실을 기록하게 된다[40만 달러－(100만 달러－50만 달러) = －10만 달러].

자산처분이익(손실) 이외의 기타영업외이익(손실) 계정도 마찬가지다. 자산처분이익(손실)과 기타영업외이익(손실)은 모두 회사의 일상적인 영업활동과 관련이 없으며, 예외적이며 드물게 발생하는 수입과 비용을 정산해 손익계산서에 기록한 것이다. 여기에는 토지, 건물, 기계장치 같은 비유동자산 매각이 포함된다. 또한 정상적인 영업활동에 속하지 않는 것으로 분류될 경우, 특허사용계약에 따른 수입과 특허권 매각 수입도 이 항목에 포함된다.

자산처분이익(손실)이나 기타영업외이익(손실) 같은 일회성[14] 이익이나 손실이 회사의 손익에 큰 영향을 미치는 경우가 있다. 이런 이익(손실)들은 일회성이기 때문에, 워렌 버핏은 회사의 순이익을 계산할 때 이런 이익(손실)을 계산에 포함시키지 않는다. 따라서 워렌 버핏은 회사가 보고한 손익계산서상의 순이익에서 자산처분이익(손실)과 기타영업외

이익(손실)을 제외한 금액을 진정한 순이익으로 보고 해당 회사의 장기적인 경쟁우위를 판단한다.[15]

법인세 차감 전 순이익

버핏이 회사들을 비교할 때 사용한다

손익계산서	(단위: 100만 달러)
매출액	10,000
매출원가	3,000
매출총이익	7,000
영업비용	
판매비와관리비	2,100
연구개발비	1,000
감가상각비	700
영업이익	3,200
이자비용	200
자산처분이익(손실)	(1,275)
기타영업외이익(손실)	(225)
➡ **법인세 차감 전 순이익**	1,500
법인세	525
당기순이익	975

법인세 차감 전 순이익

'법인세 차감 전 순이익'은 법인세를 제외한 회사의 모든 비용을 공제한 후의 이익을 말한다. 법인세 차감 전 순이익은 회사를 인수하거나 시장에서 주식을 매수할 경우, 어느 정도의 수익을 올릴 수 있는지를 계산할 때 워렌 버핏이 사용하는 중요한 지표다.

비과세 투자를 제외하고, 모든 투자 상품의 수익은 세전 수익으로 공표된다. 그리고 모든 투자 상품은 서로 경쟁하기 때문에, 투자 상품들(그리고 회사의 수익)을 비교할 때는 같은 조건, 즉 세전 수익으로 비교하는 것이 더 쉽다.

1억 3,900만 달러 상당의 워싱턴공공전력공급시스템(WPPSS)의 비과세 채권을 매수하면서(이 액수에 해당하는 채권의 이자는 연간 2,270만 달러이며 전액 비과세다) 워렌 버핏이 생각했던 것은 세후 2,200만 달러의 영업수익이라면 세전으로는 4,500만 달러와 같다는 것이었다. 그런데 다른 투자를 통해 세전으로 4,500만 달러를 벌려면 적어도 2억 5,000만 달러에서 3억 달러는 투자해야 한다. 따라서 워렌 버핏은 워싱턴공공전력공급시스템의 비과세 채권을 비슷한 경제성을 가진 다른 회사의 투자 상품보다 50% 할인된 가격으로 보았다.

이처럼 워렌 버핏은 한 회사의 이익을 항상 '세전'으로 검토했다. 그렇게 함으로써 그는 한 회사나 투자를 다른 회사에 대한 투자와 비교할 수 있었다. 이런 그의 시각은 이른바 '채권성 주식Equity Bond'[16]이라는 워렌 버핏만의 독특한 주식 개념의 기초가 되었다. 채권성 주식이란 확정 이표나 이자율이 있는 채권처럼 안전하고 확실하면서도 그 이상의 수익을 제공해줄 수 있는 주식을 말한다. 워렌 버핏은 장기적인 경쟁우위를 가진 회사만이 그런 주식이 될 수 있다고 본다. '채권성 주식'에 대해서는 이 책 끝부분에서 보다 자세히 살펴보도록 하자.

Chapter 17

법인세

거짓말쟁이 회사를 가려낸다

손익계산서	(단위: 100만 달러)
매출액	10,000
매출원가	3,000
매출총이익	7,000
영업비용	
판매비와관리비	2,100
연구개발비	1,000
감가상각비	700
영업이익	3,200
이자비용	200
자산처분이익(손실)	(1,275)
기타영업외이익(손실)	(225)
법인세 차감 전 순이익	1,500
▶ 법인세	525
당기순이익	975

Chapter 17

다른 납세자와 마찬가지로, 미국 기업들은 영업수익을 올린 만큼 세금을 납부해야 한다. 오늘날 미국 기업이 납부해야 할 세금은 영업수익의 약 35% 선이다.[17] 이렇게 납부하는 세금은 손익계산서의 법인세 항목에 계상된다.

법인세와 관련해 재미있는 것은 법인세가 회사의 진정한 세전 순이익을 반영하고 있다는 것이다. 때때로 기업들은 실제보다 더 많은 돈을 벌었다고 말하고 싶어 한다. 그것이 사실인지를 알아보는 한 방법은 그 기업이 미국증권거래위원회^{SEC}에 제출한 손익계산서에서 법인세를 얼마나 납부했는지 살펴보는 것이다. 일단 보고한 손익계산서에서 법인세 차감 전 순이익을 찾아 법인세 차감 전 순이익의 35%에 해당하는 금액을 구한다. 그렇게 구한 금액이 회사가 보고한 법인세 금액과 일치하지 않으면, 의문을 가져야 한다.[18]

워렌 버핏은 국세청을 속이는 데 혈안이 된 기업들은 당연히 주주도 속이려 한다는 것을 깨달았다. 장기적인 경쟁우위를 가진 기업들이 좋은 이유는 많은 돈을 벌기 때문에, 잘 보이기 위해 남을 속일 필요가 없다는 것이다.

Chapter 18

당기순이익
버핏의 두 가지 해석법

손익계산서	(단위: 100만 달러)
매출액	10,000
매출원가	3,000
매출총이익	7,000
영업비용	
판매비와관리비	2,100
연구개발비	1,000
감가상각비	700
영업이익	3,200
이자비용	200
자산처분이익(손실)	(1,275)
기타영업외이익(손실)	(225)
법인세 차감 전 순이익	1,500
법인세	525
➡ **당기순이익**	975

Chapter 18

회사의 매출액에서 모든 비용과 세금을 공제한 후 남은 것이 회사의 당기순이익이다. 당기순이익은 회사가 법인세를 납부한 후 벌어들인 돈이 얼마인가를 알려준다. 해당 회사가 장기적인 경쟁우위를 가진 회사인지를 판단하기 위해 워렌 버핏은 당기순이익을 두 가지 측면에서 검토한다.

첫째, 워렌 버핏은 당기순이익이 역사적으로 상승 추세를 보이는지 살펴본다. 워렌 버핏에게 있어 어느 한 해의 당기순이익은 아무런 의미가 없다. 워렌 버핏은 당기순이익 추세에 지속성이 있는지, 그리고 당기순이익의 장기 추세가 상승 양상을 보이는지에 관심을 갖는다. 그래야 경쟁우위의 '지속성'을 확인할 수 있다는 것이다. 당기순이익이 부침 없이 계속 상승할 필요는 없지만, 역사적으로 상승 추세를 보이는 것은 중요하다.

그러나 자기주식 매입으로 인해 회사의 역대 당기순이익 추세가 역대 주당순이익EPS 추세와 다를 수 있음에 유의해야 한다. 자기주식 매입은 사외주식[19] 수를 감소시켜 주당순이익을 증대시킨다. 만약 한 회사가 사외주식 수를 줄이면, 회사의 실제 당기순이익이 증가하지 않아도 주당순이익은 증가한다.[20] 극단적인 경우 실제로는 당기순이익이 감소했어도 자기주식 매입을 통해 주당순이익을 증가시킬 수 있다. 대부분의 재무 분석은 회사의 주당순이익에 초점을 맞추지만, 워렌 버핏은 실제 이익을 확인하기 위해 회사의 당기순이익을 살펴본다.

둘째, 워렌 버핏은 장기적인 경쟁우위를 가진 회사들은 다른 회사들

당기순이익

보다 매출액 대비 당기순이익 비율이 더 높다는 사실을 발견했다. 워렌 버핏은 매출액 1,000억 달러, 당기순이익 50억 달러를 기록한 A사와 매출액 100억 달러, 당기순이익 20억 달러를 기록한 B사 중 하나를 택하라면 B를 택하겠다고 말하곤 했다. 매출액 대비 당기순이익 비율로 볼 때, 후자는 20%지만 전자는 5%에 불과하기 때문이다. 이처럼 매출액만 가지고는 회사의 경제성을 제대로 파악할 수 없고, 매출액 대비 당기순이익 비율을 확인해야 다른 회사와 비교해 해당 회사의 경제성을 파악할 수 있다.

코카콜라의 매출액 대비 당기순이익 비율은 21%이고, 무디스는 31%인데, 이는 이들 회사의 기본 사업성이 매우 우수하다는 것을 말해준다. 그러나 사우스웨스트 항공의 매출액 대비 당기순이익 비율은 7%에 불과한데, 이는 항공업종의 경쟁이 매우 심하다는 것을 말해준다. 항공업종의 경우 사실상 어느 항공사도 장기적인 경쟁우위를 보유하고 있지 못한다. 또한 제너럴 모터스의 경우 실적이 매우 좋았던 해(적자를 기록하지 않은 해)에도 매출액 대비 당기순이익 비율은 3%에 불과했는데, 이는 경쟁이 극심한 자동차 산업의 경제성이 형편없음을 말해주는 것이다.

물론 예외는 있지만 워렌 버핏의 간단한 원칙은 한 회사의 '역대' 매출액 대비 당기순이익 비율이 20% 이상이면 장기적인 경쟁우위를 가지고 있을 가능성이 크다는 것이다. 마찬가지로 한 회사의 역대 매출액 대비 당기순이익 비율이 10% 미만이면, 그 회사는 어떤 회사도 장기적인 경쟁우위를 가질 수 없을 정도로 경쟁이 심한 사업을 하고 있을 가능성이 크

Chapter 18

다. 매출액 대비 당기순이익 비율이 10%에서 20% 사이인 기업들은 장기적인 경쟁우위를 갖고 있는지 확인하기 어렵지만, 이들 중 지금까지 아무도 발견하지 못한 투자의 금맥이 될 가능성이 있는 기업도 있다.

이 원칙이 적용되지 않는 예외 분야는 바로 은행과 금융회사들이다. 이들의 매출액 대비 당기순이익 비율은 비정상적으로 높은데, 그것은 리스크가 제대로 반영되지 않기 때문이다. 이들의 재무제표는 매력적으로 보이지만, 사실은 이들이 소탐대실의 위험을 안고 있다는 것을 보여주는 것이기도 하다. 즉 돈을 빌려준다는 것은 지속적인 재앙을 담보로 눈앞의 이익을 쫓는 사업이다. 그리고 이러한 금융 재앙을 안고 있는 것은 부자가 되는 길이 아니다.

Chapter 19

주당순이익

10년치 추세를 살펴라

주당순이익EPS이란 해당 기간 회사의 당기순이익을 주식 수로 나눈 것이다. 투자 세계에서 주당순이익은 매우 중요하게 취급되는 개념이다. 왜냐하면 일반적으로 회사의 주당순이익이 높을수록 주가가 높기 때문이다. 회사의 주당순이익을 구하기 위해, 회사의 당기순이익을 자기주식을 제외한 발행주식(사외주) 수로 나눈다. 예를 들어 어떤 해 한 회사의 당기순이익이 1,000만 달러이고 사외주가 100만 주라면, 그해 이 회사의 주당순이익은 10달러(1,000만 달러÷100만 주)가 된다.

그러나 한해의 주당순이익만으로 장기적인 경쟁우위를 확인해서는 안 된다. 10년 정도의 주당순이익 수치를 보아야 그 회사가 장기적인 경쟁우위를 갖고 있는지 확인할 수 있다. 워렌 버핏은 10년간 주당순이익

표 1〉 주당순이익이 지속적으로 증가하는 회사

연도	주당순이익
2008	2.95달러
2007	2.68달러
2006	2.37달러
2005	2.17달러
2004	2.06달러
2003	1.95달러
2002	1.65달러
2001	1.60달러
2000	1.48달러
1999	1.30달러
1998	1.42달러

이 지속적인 상승 추세를 보이는 회사를 찾는데, 〈표 1〉과 같다.

이 회사는 이익이 지속적으로 상승하는 추세를 보이는데, 이는 이 회사가 일종의 장기적인 경쟁우위를 가지고 있다는 것을 보여주는 좋은 징후다. 지속적인 이익을 낸다는 것은 보통 해당 회사가 많은 비용을 들여 제품을 바꿀 필요가 없는 제품이나 제품군을 팔고 있다는 것을 의미한다. 또 이익이 증가 추세를 보인다는 것은 광고나 생산 확대를 위한 지출을 통해 시장점유율을 높일 수 있거나, 자기주식 매입 같은 금융기법을 이용할 수 있을 정도로 회사의 경제성이 우수하다는 것을 의미한다.

반면 워렌 버핏은 〈표 2〉에서 볼 수 있는 것처럼 이익이 들쭉날쭉한

주당순이익

표 2〉 **주당순이익의 변동이 심한 회사**

연도	주당순이익
2008	2.50달러
2007	−0.45달러
2006	3.89달러
2005	−6.05달러
2004	6.39달러
2003	5.03달러
2002	3.35달러
2001	1.77달러
2000	6.68달러
1999	8.53달러
1998	5.24달러

회사는 싫어한다.

이 회사의 주당순이익은 하락 추세를 보이며, 마이너스를 기록하기도 하였다. 워렌 버핏은 이런 회사는 경기의 부침에 큰 영향을 받는 경쟁이 심한 업종에 속한다고 본다. 수요가 공급보다 클 때 호황이 온다. 그런데 수요가 클 때 이 회사는 수요에 맞추기 위해 생산을 늘리고, 따라서 비용이 증가한다. 궁극적으로는 해당 산업 전반에 공급 과잉이 초래된다. 공급 과잉은 제품 가격 하락으로 이어지고, 그 결과 회사는 다음 호황이 올 때까지 수익을 올리지 못한다. 이런 회사는 수없이 많고, 이들의 주가도 회사의 이익변동에 따라 요동을 친다. 그러면 전통적인 가치투자자들은

◦◦ Chapter 19 ◦◦

이들 회사의 주가가 하락할 때 매수 기회가 왔다고 착각하기도 한다. 그러나 이런 회사의 주식을 사는 것은 결국 아무런 수익도 없는 곳을 향해 아주 오랫동안 천천히 배를 몰고 가는 것과 같다.

PART

워렌 버핏의 눈으로 대차대조표(재무상태표) 보기

흥미롭지만 사람들이 별로 생각하지 않고 있고
또 대부분의 기업과 사람들에게서 발견할 수 있는 일은,
그 사람이나 기업의 가장 취약한 부분이 결국엔 문제가 된다는 것이다.
내 경험상 두 가지 가장 취약한 부분을 말하자면 그것은 술과 빚이다.

— 워렌 버핏 —

Chapter 20

대차대조표(재무상태표)
회사의 현재 재무상태를 보여주는 스냅샷

한 회사가 장기적인 경쟁우위를 갖고 있는지 판단하기 위해 처음 하는 일 중 하나는 그 회사의 자산(예를 들어 현금과 부동산)이 얼마인지, 그리고 그 회사가 벤더^{vendor}(해당 회사의 제품을 판매하는 판매인이나 판매회사), 은행, 채권 보유자에게 진 빚이 얼마인지 살펴보는 것이다. 이를 위해서는 해당 회사의 대차대조표(재무상태표)를 봐야 한다.

손익계산서와 달리 대차대조표는 어떤 특정일 현재의 상태를 나타낸 것이다. 해당 연도나 분기 동안의 대차대조표란 것은 없다. 해당 연도의 어느 특정일 하루의 대차대조표를 만들 수는 있지만, 그 대차대조표 내용은 그날에만 해당되는 것이다. 기업의 회계부서는 각 분기 말 현재의 대차대조표를 만든다.

표 3〉 대차대조표

(단위 : 100만 달러)

자산		부채	
현금 및 단기투자자산	4,208	매입채무	1,380
재고자산	2,220	미지급비용	5,535
매출채권(순)	3,317	단기부채	5,919
선급비용	2,260	유동성 장기부채	133
기타유동자산	0	기타유동부채	258
유동자산 총계	**12,005**	**유동부채 총계**	**13,225**
유형자산(토지, 건물, 기계장치)	8,493	비유동부채	3,277
영업권(순)	4,246	이연법인세	1,890
무형자산(순)	7,863	소수주주지분	0
장기투자자산	7,777	기타부채	3,133
기타비유동자산	2,675	**부채 총계**	**21,525**
기타자산	0	자본	
자산 총계	**43,059**	우선주	0
		보통주	1,296
		자본잉여금	7,378
		이익잉여금	36,235
		자기주식	−23,375
		자본 총계	**21,534**
		부채와 자본 총계	**43,059**

Chapter 20

이런 대차대조표는 두 부분으로 구성된다. 하나는 자산 항목으로 여기에는 서로 다른 여러 자산들이 기록된다. 현금, 매출채권, 재고자산, 부동산, 공장, 설비 등이 이에 포함된다.

대차대조표의 두 번째 부분은 부채와 자본금 항목이다. 부채 항목에는 유동부채와 비유동부채가 있다. '유동부채'는 만기 1년 미만의 부채를 의미하며 여기에는 매입채무, 미지급비용, 단기부채와 유동성 장기부채(비유동부채 중 만기가 1년 미만인 부채)가 포함된다. 비유동부채는 1년 이후에 만기가 도래하는 부채로 여기에는 벤더에게 지급해야 할 돈, 미납세금, 은행차입금, 사채(채권 발행으로 빌린 돈) 등이 포함된다.

장기적인 경쟁우위를 가진 기업을 찾기 위해 워렌 버핏은 자산과 부채 항목에서 어떤 점에 주목하는지에 대해서는 잠시 뒤에 살펴보도록 하고, 여기서는 먼저 대차대조표의 대략적인 의미에 대해서만 살펴볼 것이다.

자산 총계에서 부채 총계를 뺀 것이 회사의 순자산 또는 자본이다. 예를 들어 한 회사의 자산이 10만 달러이고 부채가 2만 5,000달러라면, 이 회사의 순자산 또는 자본은 7만 5,000달러이다. 그러나 이 회사의 자산이 10만 달러인데 부채가 17만 5,000달러이면, 이 회사의 순자산 또는 자본은 마이너스 7만 5,000달러가 된다.

순자산을 구하는 공식은 다음과 같다.

순자산 또는 자본 = 자산 − 부채

이것으로 대차대조표가 무엇인지에 대한 기본적인 지식을 갖게 되었다면, 이제 장기적인 경쟁우위를 가진 기업을 찾기 위해 워렌 버핏이 대차대조표와 그 하부 항목들을 분석하는 방법을 살펴보도록 하자.

Chapter 21

자산

회사가 가지고 있는 재산들

대차대조표 - 자산	
	(단위: 100만 달러)
현금 및 단기투자자산	4,208
재고자산	2,220
매출채권(순)	3,317
선급비용	2,260
기타유동자산	0
유동자산 총계	**12,005**
유형자산(토지, 건물, 기계장치)	8,493
영업권(순)	4,246
무형자산(순)	7,863
장기투자자산	7,777
기타비유동자산	2,675
기타자산	0
자산 총계	**43,059**

자산

대차대조표의 자산 항목에는 회사에 좋은 모든 것이 포함된다. 현금, 공장과 장비, 특허권 그리고 부를 창출하는 모든 것이 여기에 속한다. 오랜 회계형식상 대차대조표의 자산 항목은 유동자산과 그 외 자산으로 나뉜다.

유동자산은 '현금 및 현금성자산,' '단기투자자산', '순매출채권', '재고자산' 그리고 '기타유동자산'으로 이루어진다. 이들은 현금이거나 아니면 단기간(보통 1년) 내에 현금화할 수 있는 자산이기 때문에 유동자산이라고 불린다. 일반적으로 유동자산은 그 유동성 정도(얼마나 빨리 현금화할 수 있느냐)에 따라 유동성이 높은 자산에서 유동성이 낮은 자산 순으로 대차대조표에 기재된다. 역사적으로 유동자산은 당좌자산 또는 유동성 자산 등으로도 불렸다. 유동자산이 중요한 것은 기업의 경제성이 훼손되고 다른 일상적인 운전자본의 원천이 고갈될 경우 현금화해 사용할 수 있다는 데 있다(하루아침에 운전자본의 원천이 고갈된 예는 2008년 3월 베어스턴스의 경우에서 찾아볼 수 있다).

그 외의 자산은 유동자산 외의 모든 자산으로 1년 내에 현금화할 수 없는 자산을 말한다. 이런 자산들은 유동자산 항목 바로 아래 열거된다. 여기에는 유형자산(토지, 건물, 기계장치), 영업권, 무형자산, 장기투자자산, 기타자산 등이 포함된다.

유동자산과 그 외 자산을 합한 것이 회사의 자산 총계다. 이들은 그 질과 양을 통해 개별적 그리고 전체적으로 회사의 경제적 성격과 그 회사의 장기적인 경쟁우위에 대해 많은 것을 말해준다.

Chapter 21

　따라서 다음 장들에서 각각의 자산 항목과 그리고 장기적인 경쟁우위를 가진 기업을 찾기 위해 워렌 버핏은 이런 자산 항목을 어떻게 분석하는지에 대해 살펴볼 것이다.

Chapter 22

유동자산의 순환
회사가 돈을 벌어들이는 과정

대차대조표 – 자산

(단위: 100만 달러)

▶ 현금 및 단기투자자산	4,208
▶ 재고자산	2,220
▶ 매출채권(순)	3,317
선급비용	2,260
기타유동자산	0
유동자산 총계	**12,005**
유형자산(토지, 건물, 기계장치)	8,493
영업권(순)	4,246
무형자산(순)	7,863
장기투자자산	7,777
기타비유동자산	2,675
기타자산	0
자산 총계	**43,059**

Chapter 22

　　유동자산은 '운전자산'이라고도 하는데, 그것은 유동자산이 재고자산의 구입으로 시작되는 현금의 순환을 이루는 자산이기 때문이다. 즉 재고자산은 그 회사의 제품 거래처에게 팔려 매출채권이 되고, 거래처로부터 회수된 매출채권은 현금이 된다. 즉 현금→재고자산→매출채권→현금으로 순환이 이루어진다. 이런 순환은 계속 반복되는데, 바로 이것이 기업이 돈을 버는 과정이다.

　이와 같은 유동자산 순환의 특징을 보고 워렌 버핏은 해당 기업의 경제성과 그 회사가 장기적인 경쟁우위를 가진 회사인지를 판단한다.

현금 및 현금성자산
기업의 창이자 방패

대차대조표 – 자산	
	(단위: 100만 달러)
▶ 현금 및 단기투자자산	4,208
재고자산	2,220
매출채권(순)	3,317
선급비용	2,260
기타유동자산	0
유동자산 총계	**12,005**
유형자산(토지, 건물, 기계장치)	8,493
영업권(순)	4,246
무형자산(순)	7,863
장기투자자산	7,777
기타비유동자산	2,675
기타자산	0
자산 총계	**43,059**

Chapter 23

워렌 버핏은 자산 항목을 분석할 때 해당 기업이 얼마나 많은 현금 및 현금성자산을 갖고 있는지를 가장 먼저 본다. 현금은 말 그대로 현금을 말하며, 현금성자산이란 단기 양도성 예금증서^{CD}와 3개월 만기 단기국채(이들은 단기투자자산이다), 또는 그 밖에 유동성이 매우 높은 자산을 말한다. 현금 및 현금성자산이 많은 경우 워렌 버핏은 다음의 둘 중 하나로 판단한다. 하나는 그 회사가 장기적인 경쟁우위를 갖고 있어 많은 돈을 벌고 있다는 것인데, 이는 좋은 것이다. 또 하나는 그 회사가 사업체나 자산을 매각했거나, 아니면 막대한 채권이나 주식을 발행했다는 것인데, 이는 나쁜 것이다. 현금 및 현금성자산이 적다는 것은 해당 회사의 경제성이 열악하거나 그저 그렇다는 것을 의미한다. 어떤 경우에 해당되는지를 알아보기 전에 먼저 현금자산(현금 및 현금성자산)에 대해 좀 더 자세히 살펴보자.

기업들은 사업을 영위하기 위해 전통적으로 현금을 보유해둔다. 이것은 막대한 금액의 수표책 같은 것이라 할 수 있다. 그런데 우리가 쓰는 것보다 더 많은 돈을 벌면 현금은 쌓이기 시작하고, 현금이 쌓이면 잉여현금을 어디에 써야 하는지에 대한 투자 문제가 발생한다. 이는 매우 행복한 고민이다.

은행에 넣어두거나 양도성 예금증서에 투자하면 수익률이 낮기 때문에 보다 수익률이 높은 사업이나 투자에 현금자산을 사용하는 것이 낫다. 여러분이라면 투자수익률 4%의 단기 양도성 예금증서에 투자하겠는가, 아니면 20% 투자수익률의 아파트에 투자하겠는가? 당연히 아파트에

현금 및 현금성자산

투자할 것이다. 사업도 마찬가지다. 지출하는 영업비용보다 더 많은 돈이 들어오면 돈이 쌓이기 시작하고, 돈이 쌓이면 회사는 그 돈으로 무엇을 해야 할지 결정해야 한다. 전통적으로 기업들은 영업 확장, 신규 사업 매수, 주식투자, 자기주식 매입, 주주에 대한 현금배당 등에 잉여현금을 사용했다. 그러나 만약을 대비해 현금을 쌓아두는 경우도 적지 않다(이것이 이익잉여금이다). 지금처럼 변화무쌍하고 다양한 사건이 벌어지고 있는 세계에서는 어느 누구도 재정적으로 충분히 안전하다고 말할 수 없기 때문이다.

기업이 막대한 현금을 조성하는 방법에는 세 가지가 있다. 첫째는 신규 채권이나 주식을 발행해 대중에게 판매하는 것이다. 둘째는 회사가 보유한 기존 사업이나 자산을 매각하는 것이다. 셋째는 사업을 통해 사업에 사용되는 현금(비용)보다 더 많은 현금(수입)을 벌어들이는 것이다. 워렌 버핏이 관심을 갖는 것은 세 번째 방법을 통해 막대한 현금을 창출하는 경우다. 사업을 통해 잉여현금을 창출하는 기업은 장기적인 경쟁우위를 가진 경우가 많다.

사업상 단기적인 문제에 시달리고 있어 근시안적인 월스트리트에 의해 버림받은 회사가 있다고 가정해보자. 워렌 버핏은 그 회사가 보유한 현금과 유가증권(단기투자자산 등 시장에서 즉시 현금화할 수 있는 증권) 같은 현금성자산을 보고 그 회사가 당면한 문제를 극복할 재정 능력이 있는지를 판단한다.

이 경우 유념해야 할 원칙은 한 회사가 현금과 유가증권은 많은데 부

Chapter 23

채가 거의 또는 전혀 없다면, 그 회사가 어려움을 극복할 가능성은 대단히 크다. 반대로 그 회사가 현금이 별로 없고 대신 부채가 많으면 어려움을 극복하지 못하고 침몰할 가능성이 크다는 것이다.

그리고 해당 회사의 현금을 창출한 것이 무엇인지 정확히 확인할 수 있는 가장 간단한 방법은 지난 7년간의 대차대조표를 살펴보는 것이다. 7년간의 대차대조표를 보면 회사의 현금이 신규 채권이나 주식의 발행 혹은 자산이나 기존 사업의 매각 같은 일시적인 사건에 의해 발생했는지, 아니면 영위하고 있는 사업을 통해 발생했는지를 알 수 있다. 부채가 많으면 경쟁우위를 가진 특별한 회사로 취급해선 안 된다. 그러나 현금이 많고 부채는 거의 없으며 신규 채권이나 주식 발행도 없고 지속적으로 꾸준히 이익이 발생했으면, 그 회사는 워렌 버핏이 찾는 장기적인 경쟁우위를 가진 우수한 회사(궁극적으로 우리를 부자로 만들어줄 회사)로 볼 수 있다.

다시 한 번 강조하자면 어려운 시기일수록 '현금이 왕'이다. 따라서 경쟁자가 갖고 있지 못한 현금을 갖고 있다면, 결국 승리하게 된다.

Chapter 24

재고자산

순이익이 함께 상승하는 회사를 찾아라

대차대조표 – 자산	
	(단위: 100만 달러)
현금 및 단기투자자산	4,208
▶ 재고자산	2,220
매출채권(순)	3,317
선급비용	2,260
기타유동자산	0
유동자산 총계	**12,005**
유형자산(토지, 건물, 기계장치)	8,493
영업권(순)	4,246
무형자산(순)	7,863
장기투자자산	7,777
기타비유동자산	2,675
기타자산	0
자산 총계	**43,059**

Chapter 24

　　재고자산은 회사가 제품 판매자에게 팔기 위해 창고에 보관해둔 제품을 말한다. 대차대조표는 특정일 현재의 현황을 나타내는 것이므로, 대차대조표상에서 재고자산액은 대차대조표 작성일 현재 재고자산의 가치를 말한다.

　많은 기업의 경우, 재고자산은 제때에 팔지 못하면 낡아져서 폐품이 될 위험을 안고 있다. 그러나 앞서 살펴본 것처럼 장기적인 경쟁우위를 가진 제조회사는 제품을 바꿀 필요가 없다. 따라서 폐품이 되거나 시대에 뒤떨어지지 않는 제품을 판매한다는 이점이 있다. 워렌 버핏은 바로 이런 이점을 가진 회사를 찾는다.

　장기적인 경쟁우위를 가진 제조회사를 찾으려면, 재고자산과 순이익이 함께 증가하는 회사를 찾아야 한다. 재고자산과 순이익이 함께 증가한다는 것은 그 회사의 매출이 증가할수록 이익도 증가하는 수익성 있는 사업을 하고 있다는 것을 의미한다. 이런 회사는 매출이 증가하면 수요를 적시에 맞추기 위해 재고자산을 늘린다. 따라서 재고자산과 순이익이 함께 증가한다는 것은 그 회사의 매출이 증가하고 있으며, 그 매출 증가가 이익 증가로 이어지고 있음을 의미한다.

　반면 2~3년간 재고자산이 빠르게 증가한 후 다시 빠르게 감소하는 제조업체는 경기의 부침에 큰 영향을 받는 매우 경쟁적인 업종에 속한 기업일 가능성이 크다. 이런 회사는 경기가 하강하면 돈을 벌 수 없다.

Chapter 25

매출채권

돈 떼이지 않고 회수가 빠른 회사에 주목

대차대조표 – 자산	
	(단위: 100만 달러)
현금 및 단기투자자산	4,208
재고자산	2,220
➡ 매출채권(순)	3,317
선급비용	2,260
기타유동자산	0
유동자산 총계	**12,005**
유형자산(토지, 건물, 기계장치)	8,493
영업권(순)	4,246
무형자산(순)	7,863
장기투자자산	7,777
기타비유동자산	2,675
기타자산	0
자산 총계	**43,059**

Chapter 25

한 회사가 구매자에게 제품을 팔 때, 선불을 받거나 아니면 구매자가 제품을 받고 한 달 후에 결제하는 식의 방식을 취한다. 어떤 회사의 경우, 결제 기간은 그보다 훨씬 더 길 수도 있다. 이처럼 아직 결제가 이루어지지 않아 확실한 매출로 잡을 수 없는 매출을 매출채권이라고 부른다. 즉 매출채권은 회사가 받아야 할 돈이다. 제품 구매자 중 일부는 결제하지 않을 수도 있기 때문에 부실채권이 발생하기도 한다. 이 부실채권은 총매출채권에서 공제되어야 하며, 총매출채권에서 부실채권을 공제한 것이 순매출채권이다. 이를 공식으로 나타내면 다음과 같다.

순매출채권 = 총매출채권 − 부실채권

순매출채권의 액수만으로는 회사의 장기적인 경쟁우위를 판단할 수 없다. 그러나 순매출채권으로 동일한 산업에 속해 있는 회사들을 비교할 수는 있다. 경쟁이 심한 산업에서 일부 회사들은 벤더에게 유리한 결제조건을 제시함으로써(예를 들어 결제 기간을 30일 대신 120일로 늘림으로써) 타사보다 우위를 점하려고 한다. 그러면 벤더들은 이 회사 제품을 구매하기 때문에 회사의 매출은 증가하고 동시에 매출채권도 증가한다.

그러나 중요한 것은 총매출액 대비 순매출채권 비율이다. 일반적으로 한 회사의 총매출액 대비 순매출채권 비율이 타사보다 지속적으로 낮으면, 이 회사는 경쟁우위를 갖고 있다고 볼 수 있다.

Chapter 26

선급비용과 기타유동자산

경쟁우위 판단에 큰 도움이 안 된다

대차대조표 – 자산

(단위: 100만 달러)

현금 및 단기투자자산	4,208
재고자산	2,220
매출채권(순)	3,317
▶ 선급비용	2,260
▶ 기타유동자산	0
유동자산 총계	**12,005**
유형자산(토지, 건물, 기계장치)	8,493
영업권(순)	4,246
무형자산(순)	7,863
장기투자자산	7,777
기타비유동자산	2,675
기타자산	0
자산 총계	**43,059**

Chapter 26

때때로 기업들은 아직 받지는 않았지만, 가까운 미래에 받을 상품이나 서비스에 대한 대가를 미리 결제하는 경우가 있다. 이 경우 아직 상품이나 서비스는 받지 못했다 해도 이미 가격을 지불했기 때문에 그 상품이나 서비스는 회사의 자산이 된다. 이런 자산을 선급비용이라고 하며, 회사의 유동자산으로 계상한다. 미래를 대비해 미리 지급한 보험료가 이런 선급비용에 속한다. 그러나 선급비용만으로는 그 회사의 성격이나 그 회사가 장기적인 경쟁우위를 갖고 있는지 거의 파악할 수 없다.

기타유동자산은 1년 내에 회사에 들어오는 것이지만, 아직은 회사가 확보하지 않은 비현금성자산을 말한다. 여기에는 1년 내에 환급받겠지만 아직은 환급받지 못한 이연법인세환급금 같은 것이 포함된다.

Chapter 27

총유동자산과 유동비율

많고 클수록 좋지만 예외도 있다

대차대조표 – 자산

(단위: 100만 달러)

현금 및 단기투자자산	4,208
재고자산	2,220
매출채권(순)	3,317
선급비용	2,260
기타유동자산	0
유동자산 총계	**12,005**
유형자산(토지, 건물, 기계장치)	8,493
영업권(순)	4,246
무형자산(순)	7,863
장기투자자산	7,777
기타비유동자산	2,675
기타자산	0
자산 총계	**43,059**

Chapter 27

총유동자산은 재무 분석에서 오랫동안 매우 중요하게 사용된 지표였다. 전통적으로 애널리스트들은 한 기업의 유동자산에서 유동부채를 뺀 금액을 보고 그 회사의 단기채무이행 능력을 판단했다. 여기서 유동자산을 유동부채로 나눈 유동비율(유동자산 ÷ 유동부채)이란 개념이 발전했는데, 유동비율이 높을수록 그 회사의 유동성이 더 풍부하다는 것을 의미한다. 유동비율이 낮은 회사는 단기채무이행에 어려움을 겪을 수 있다고 평가된다.

그런데 재미있는 것은 장기적인 경쟁우위를 가진 기업이라 해도 유동비율이 그리 높지 않은 경우가 많다는 것이다. 무디스의 유동비율은 0.64, 코카콜라는 0.95, 프록터 & 갬블은 0.82 그리고 앤호이저-부시(버드와이저 등을 생산하는 미국 최대의 맥주회사)는 0.88 정도이다. 전통적인 시각으로 보면 이 정도의 유동비율로는 유동부채를 결제하는 데 어려움을 겪을 수도 있다. 그러나 사실상 이들 기업은 수익력이 매우 강력해 유동부채 정도는 쉽게 커버할 수 있다. 또한 강력한 수익력을 가지고 있는 이들 기업은 추가적으로 단기현금이 필요한 경우에도 아무런 어려움 없이 저렴한 단기 기업어음시장을 활용할 수 있다.

강력한 수익력을 가지고 있기 때문에 이들 기업은 높은 배당을 지급하고 자기주식을 매입할 수 있다. 그런데 이 두 가지 조치는 모두 회사의 보유 현금을 감소시키고, 따라서 유동비율을 낮춘다. 그러나 이들 기업은 장기적인 경쟁우위를 바탕으로 지속적인 수익을 내기 때문에 그 수익으로 모든 유동부채를 커버할 수 있다. 뿐만 아니라 경기의 부침이나 경기 하락에도 별 타격을 받지 않는다.

 유동비율이 낮아도 장기적인 경쟁우위를 가진 기업은 많다. 이런 예외적인 기업의 경우, 유동비율은 장기적인 경쟁우위를 판단하는 데 거의 도움이 되지 않는 지표다.

Chapter 28

유형자산

끊임없이 투자가 필요한 회사는 좋지 않다

대차대조표 – 자산	
	(단위: 100만 달러)
현금 및 단기투자자산	4,208
재고자산	2,220
매출채권(순)	3,317
선급비용	2,260
기타유동자산	0
유동자산 총계	**12,005**
유형자산(토지, 건물, 기계장치)	8,493
영업권(순)	4,246
무형자산(순)	7,863
장기투자자산	7,777
기타비유동자산	2,675
기타자산	0
자산 총계	**43,059**

유형자산

한 기업의 토지와 건물 및 기계장치 그리고 이들의 합산가치는 대차대조표에 유형자산으로 계상되는데, 그 가치는 취득원가에서 누적감가상각액을 공제한 금액으로 기록된다. 건물과 기계장치는 시간이 경과함에 따라 서서히 낡아가기 때문에 그 가치가 감소하게 된다. 이를 반영하여 건물과 기계장치의 가치에서 매년 일정 금액을 공제하는 것이 감가상각이다.

장기적인 경쟁우위가 없는 기업들은 지속적인 경쟁에 직면할 수밖에 없다. 따라서 경쟁력을 유지하기 위해 이들 기업은 기존 건물과 기계장치가 다 낡기 전에 신제품 생산을 위해 제조설비를 다시 업데이트해야 한다. 이런 과정은 계속 반복되어 끊임없이 업데이트가 이루어진다. 물론 이런 부단한 업데이트는 지속적으로 상당한 비용을 발생시키고, 기업의 대차대조표에서 유형자산 금액은 계속 증가한다.

반면 장기적인 경쟁우위를 가진 기업은 경쟁력을 유지하기 위해 계속해서 건물이나 기계장치를 업데이트할 필요가 없다. 껌의 대명사 리글리를 예로 들어보자. 리글리도 껌을 생산하기 위해 공장을 건설해야 한다. 그러나 공장을 건설한 후에는 건물이나 기계장치가 낡아 더는 사용할 수 없게 되기 전까지 중간에 건물이나 기계장치를 업데이트할 필요가 없다.

따라서 장기적인 경쟁우위를 가진 회사는 건물과 기계장치가 낡아 더이상 사용할 수 없게 될 때에만 건물과 기계장치를 교체한다. 하지만 장기적인 경쟁우위가 없는 회사는 경쟁력을 유지하기 위해 수시로 건물과 기계장치를 교체해야 한다.

Chapter 28

또한 장기적인 경쟁우위를 가진 회사는 신규 건물과 기계장치를 도입하는 데 필요한 자금을 내부에서 조달할 수 있다. 그러나 장기적인 경쟁우위가 없는 회사는 경쟁 유지를 위해 필요한 건물과 기계장치의 교체 자금을 외부 차입으로 조달하는 경우가 많다.

이런 사례를 우리는 리글리와 제너럴 모터스의 경우를 통해 비교해볼 수 있다. 리글리는 14억 달러의 건물과 기계장치를 보유하고 있다. 그리고 부채는 10억 달러이고, 매년 5억 달러가량의 이익을 올린다. 반면 제너럴 모터스의 경우 건물과 기계장치는 560억 달러이고, 부채는 400억 달러이다. 그리고 2006년 이후 계속 적자를 기록하고 있다.

추잉껌은 변화가 많은 제품이 아니기 때문에 리글리의 추잉껌 브랜드는 경쟁우위를 점하고 있다. 그러나 제너럴 모터스는 지구상의 모든 자동차업체와 치열하게 경쟁해야 하며, 그런 경쟁에서 뒤떨어지지 않기 위해 제너럴 모터스는 끊임없이 제품을 업데이트하고 재설계해야 한다. 따라서 신제품 생산을 위해 제너럴 모터스는 주기적으로 건물과 기계장치를 교체해야 한다.

껌을 만드는 것은 차를 만드는 것보다 주주에게 훨씬 낫고 수익성이 좋은 사업이다. 예를 들어 1990년 리글리에 10만 달러를 투자했다면 그 돈은 2008년 54만 7,000달러로 불어났을 것이다. 그러나 1990년 제너럴 모터스에 10만 달러를 투자했다면 그 돈은 2008년 9만 7,000달러로 줄었을 것이다. 리글리에 대한 투자수익과 제너럴 모터스에 대한 투자수익의 차액 45만 달러만큼 리글리에 투자한 주주들이 더 수익을 올린 것이다.

⊗⊘ 유형자산 ⊘⊗

　리글리 주주들은 느긋하게 껌을 씹어가며 부자가 되었지만, 제너럴 모터스 주주들은 자신의 돈이 벼랑으로 굴러 떨어지는 것을 지켜봐야 했다.

　워렌 버핏이 말한 것처럼, 변화가 필요 없는 장기적인 제품을 생산하면 지속적인 수익을 올린다. 장기적인 제품이란 경쟁에 뒤처지지 않기 위해 건물이나 기계장치를 업데이트하는 데 막대한 돈을 쏟아 부을 필요가 없는 제품을 말한다. 지속적으로 제품을 생산하면 건물과 기계장치의 업데이트에 막대한 자금을 사용할 필요가 없기 때문에, 그 자금을 다른 수익성 있는 사업에 사용할 수 있다.

　부자가 되기 위해서는 먼저 돈을 벌어야 한다. 일단 돈을 벌어야 더 많은 돈을 벌 수 있다. 그런데 많은 돈을 버는 한 가지 방법은 이웃에 지지 않으려고 허세를 부리는 데(기업의 경우, 경쟁에 뒤처지지 않기 위해) 많은 돈을 쓸 필요가 없어야 한다는 것이다.

Chapter 29

영업권

투자 기회가 숨어 있는 곳

대차대조표 – 자산	
	(단위: 100만 달러)
현금 및 단기투자자산	4,208
재고자산	2,220
매출채권(순)	3,317
선급비용	2,260
기타유동자산	0
유동자산 총계	**12,005**
유형자산(토지, 건물, 기계장치)	8,493
▶ 영업권(순)	4,246
무형자산(순)	7,863
장기투자자산	7,777
기타비유동자산	2,675
기타자산	0
자산 총계	**43,059**

영업권

엑슨모빌(미국 소재 세계 최대의 에너지, 석유화학기업)이 A라는 석유회사를 그 회사의 장부가 이상의 가격에 인수했다고 할 때, 인수가와 장부가의 차액이 영업권이다. 장부가 이상의 가격으로 많은 회사를 인수하면, 인수회사의 영업권 액수는 매우 커지게 된다.

과거 영업권은 보통 상각 과정을 통해 회사의 이익에서 상각되었고,[21] 이렇게 상각되는 금액은 손익계산서의 영업권 상각 항목에서 연간 비용으로 처리되었다. 그러나 최근에는 미국 금융회계기준위원회[FASB]가 영업권을 가진 회사의 가치가 실제로 하락하지 않으면 영업권을 상각할 필요가 없다고 결정했다.

한 회사의 영업권이 여러 해 동안 증가했다면, 그 회사가 다른 사업체를 인수했다고 추정할 수 있다. 만약 그 회사가 장기적인 경쟁우위를 가진 사업체를 인수했다면 좋은 것이다. 그러나 영업권이 여러 해 동안 변화가 없다면 이 회사가 장부가 이하의 가격으로 사업체를 인수했거나, 아니면 전혀 사업체를 인수하지 않았거나 둘 중 하나다.

그런데 장기적인 경쟁우위를 가진 사업체를 장부가 이하로 파는 경우는 거의 없다. 거의 없다고 말하는 것은 그런 경우가 가끔 있다는 것인데, 이런 드문 일이 벌어지면 평생 한 번 올까 말까 한 투자 기회가 될 수 있다. 그렇기 때문에 그런 우수한 사업체를 장부가 이하로 인수한 기업에 대한 투자를 적극적으로 고려해야 한다.

Chapter 30

무형자산

보이지 않는 가치를 계산하라

대차대조표 – 자산	
	(단위: 100만 달러)
현금 및 단기투자자산	4,208
재고자산	2,220
매출채권(순)	3,317
선급비용	2,260
기타유동자산	0
유동자산 총계	**12,005**
유형자산(토지, 건물, 기계장치)	8,493
영업권(순)	4,246
▶ 무형자산(순)	7,863
장기투자자산	7,777
기타비유동자산	2,675
기타자산	0
자산 총계	**43,059**

무형자산

🔍 무형자산은 물리적으로 만지거나 파악할 수 없는 자산을 말하며, 여기에는 특허권, 저작권, 상표권, 프랜차이즈, 브랜드네임 같은 것이 포함된다. 과거에 기업들은 특별히 범죄 수준이 아닌 한 자신의 무형자산에 원하는 임의의 가치를 부여했다. 이로 인해 무형자산에 말도 안 되는 가치가 부여되는 등 많은 남용 사례가 있었다. 그러나 현재 기업들은 회사 내부에서 발전시키거나 개발한 무형자산의 가치에 대해서는 대차대조표에 기록하지 못하도록 되어 있다. 따라서 무형자산에 임의로 엄청난 가치를 부여해 대차대조표를 조작하는 일은 더 이상 불가능하다.

그러나 제3자로부터 취득한 무형자산은 공정가격으로 대차대조표에 기록된다. 예컨대 특허권처럼 무형자산에 정해진 수명이 있으면, 그 무형자산의 가치는 사용연한 동안 매년 비용으로 상각되어 손익계산서와 대차대조표에 계상된다.

그런데 장기적인 경쟁우위를 가진 회사의 경우에는 특이한 일이 벌어진다. 코카콜라를 예로 들어보자. 코카콜라의 브랜드네임은 1,000억 달러의 가치가 있다. 하지만 그 브랜드네임은 내부적으로 발전한 무형자산이기 때문에 그 실질가치가 대차대조표에 반영되지 않는다. 리글리, 펩시콜라, 맥도날드, 심지어 월마트의 경우도 마찬가지다. 이들의 장기적인 경쟁우위는 브랜드네임과 직접 결부되어 있음에도 불구하고, 이들의 최대 자산인 브랜드네임의 가치는 대차대조표에 계상되지 않는다.

바로 이 때문에 투자자들은 이런 회사가 가진 장기적인 경쟁우위의 힘을 오랫동안 발견하지 못했다. 브랜드네임이 지난 10년 동안 회사 수

Chapter 30

익에 얼마나 기여했는지 파악하기 어려운 투자자들은 브랜드네임과 결부된 장기적인 경쟁우위를 알 수도 없었고, 따라서 자신을 거부로 만들어줄 수 있는 장기적인 경쟁우위의 잠재력(수익력)도 알 수 없었다. 그러나 워렌 버핏은 브랜드네임과 결부된 장기적인 경쟁우위와 거기서 파생되는 수익력을 알고 있었기 때문에, 전 세계가 보고 있는 가운데 코카콜라같이 유명한 회사에 막대한 자금을 투자했다.

그러나 전 세계는 왜 워렌 버핏이 그러는지 전혀 이해하지 못했다. 당시 코카콜라의 주가는 그레이엄을 추종하는 가치투자자들에게는 비상식적으로 보일 만큼 비쌌다. 그리고 월스트리트 주식중개인들의 흥미를 끌만큼 주가 변동이 심하지도 않았다. 다른 사람은 모르고 워렌 버핏만 알 수 있었던 것, 그것은 바로 브랜드네임과 결부된 코카콜라의 장기적인 경쟁우위와 거기서 파생되는 지속적인 수익력이었다. 그리고 코카콜라의 수익력은 시간이 흐른 후 결국 워렌 버핏을 세계 최고의 부호로 만들어주었다.

대차대조표에 기록된 무형자산뿐만 아니라 대차대조표에 없는 무형자산도 고려해 그것이 회사의 장기적인 경쟁우위에 얼마나 기여하고 있는지를 평가해야 한다.

Chapter 31

장기투자자산

개구리를 왕자로 만드는 마법의 키스 같은 것

대차대조표 – 자산	
	(단위: 100만 달러)
현금 및 단기투자자산	4,208
재고자산	2,220
매출채권(순)	3,317
선급비용	2,260
기타유동자산	0
유동자산 총계	**12,005**
유형자산(토지, 건물, 기계장치)	8,493
영업권(순)	4,246
무형자산(순)	7,863
➡ 장기투자자산	7,777
기타비유동자산	2,675
기타자산	0
자산 총계	**43,059**

Chapter 31

　　장기투자자산은 투자 기간 1년 이상의 주식, 채권, 부동산 같은 투자자산의 가치를 대차대조표 자산 계정에 기록한 것이다. 장기투자자산에는 해당 회사의 계열사와 자회사에 대한 투자자산이 포함된다. 장기투자자산과 관련해 재미있는 것은 장기투자자산은 취득가와 시가(시장가) 중 더 낮은 가격을 장부에 기재한다는 것이다. 해당 투자자산의 가치가 상승해도 취득가 이상의 가격으로는 기재할 수 없다. 요컨대 시가가 취득가보다 높으면 취득가로, 시가가 취득가보다 낮으면 시가로 대차대조표에 기록한다. 이것이 의미하는 것은 어떤 회사의 경우 대차대조표에 기재된 가격보다 실제 시가가 상당히 높은, 매우 가치 있는 자산을 갖고 있을 수 있다는 것이다.

　한 회사의 장기투자자산은 최고경영진의 투자 마인드에 대해 많은 것을 말해준다. 장기적인 경쟁우위를 가진 다른 사업체에 투자하고 있는지, 아니면 극심한 경쟁에 시달리는 사업체에 투자하고 있는지를 알 수 있다. 때때로 우리는 우수한 회사의 경영진이 단지 큰 것이 좋다는 이유만으로 그저 그런 평범한 회사에 막대한 투자를 하고 있는 경우를 볼 수 있다. 반대로 평범한 회사의 현명한 경영자가 장기적인 경쟁우위를 가진 회사에 투자하는 경우도 볼 수 있다. 바로 후자가 워렌 버핏이 자신의 지주회사 버크셔 해서웨이를 오늘날 대제국으로 건설한 경우다.

　버크셔 해서웨이는 한때 경쟁이 심한 섬유 산업에 속한 그저 그런 회사 중 하나였다. 워렌 버핏은 그런 버크셔 해서웨이의 지배지분을 인수한 후 배당금 지급을 중지해 회사에 현금을 모았다. 그런 후 회사의 운영

자본으로 보험사를 인수했고, 그 보험사의 자산으로 40년 동안 장기적인 경쟁우위를 가진 회사들을 쇼핑했다.

　마법에 걸린 개구리에게 키스를 해주면 왕자로 변하듯, 장기적인 경쟁우위를 가진 사업에 투자하면 그 회사는 언젠가는 왕자와 같은 회사가 된다. 워렌 버핏에게 600억 달러의 자산을 안겨준 버크서 해서웨이가 바로 그런 경우다. 워렌 버핏 성공의 비밀 중 하나는 버크서 해서웨이를 통한 장기적인 경쟁우위를 가진 사업에 대한 투자, 즉 버크서 해서웨이의 장기투자자산에 있었다.

Chapter 32

기타비유동자산

경쟁우위 판단에 도움이 되지 않는 항목

대차대조표 – 자산	
	(단위: 100만 달러)
현금 및 단기투자자산	4,208
재고자산	2,220
매출채권(순)	3,317
선급비용	2,260
기타유동자산	0
유동자산 총계	**12,005**
유형자산(토지, 건물, 기계장치)	8,493
영업권(순)	4,246
무형자산(순)	7,863
장기투자자산	7,777
➡ 기타비유동자산	2,675
기타자산	0
자산 총계	**43,059**

기타비유동자산

기타비유동자산은 유형자산, 영업권, 무형자산, 장기투자자산의 범주에 속하지 않는 자산들로서, 현재는 회사가 갖고 있지 않지만 1년 후 회사가 갖게 될 자산을 말한다. 1년 이후에 받을 상품이나 서비스에 대한 선급비용, 혹은 1년 이후에 받을 세금환급금 등이 이에 속한다.

기타비유동자산은 회사의 장기적인 경쟁우위를 판단하는 데 거의 도움이 되지 않는 지표다. 따라서 다음 장으로 넘어가도록 하자.

Chapter 33

총자산 및 자산수익률

버핏의 독특한 시각을 볼 수 있다

대차대조표 – 자산	
	(단위: 100만 달러)
현금 및 단기투자자산	4,208
재고자산	2,220
매출채권(순)	3,317
선급비용	2,260
기타유동자산	0
유동자산 총계	**12,005**
유형자산(토지, 건물, 기계장치)	8,493
영업권(순)	4,246
무형자산(순)	7,863
장기투자자산	7,777
기타비유동자산	2,675
기타자산	0
➡ **자산 총계**	**43,059**

총자산 및 자산수익률

유동자산과 비유동자산을 더하면 총자산(자산 총계)이 된다. 총자산은 '부채와 자본 총계의 합'과 같은 금액이다. '총자산'과 '부채와 자본 총계'는 서로 균형Balance을 이루기 때문에 대차대조표를 영어로 'Balance Sheet'라고 한다.

총자산은 해당 기업이 자산을 얼마나 효율적으로 사용했는지 판단하는 데 매우 중요한 지표다. 자산을 얼마나 효율적으로 사용했는지 측정하기 위해 애널리스트들은 당기순이익을 총자산으로 나눈 자산수익률이란 개념을 고안했다.

그러나 사업에 필요한 자본금 규모는 항상 진입장벽 역할을 한다. 해당 산업에 진입하기 위해 필요한 자본이 크면 클수록 해당 산업에 진입하기 어려워진다. 그렇기 때문에 기존 사업체의 경쟁우위는 보다 지속적이 된다. 코카콜라의 자산은 430억 달러이며 자산수익률은 12%이다. 프록터&갬블은 1,430억 달러의 자산에 7%의 자산수익률을, 알트리아 그룹(미국 담배회사 필립 모리스의 모회사)은 520억 달러의 자산에 24%의 자산수익률을 기록하고 있다. 그러나 무디스의 경우 자산은 17억 달러에 불과하지만 자산수익률은 43%에 이른다.

많은 애널리스트들은 자산수익률이 높을수록 좋다고 주장하지만, 워렌 버핏은 아주 높은 자산수익률은 오히려 그 회사의 장기적인 경쟁우위에 약점이 될 수도 있음을 발견했다. 자산 430억 달러의 코카콜라 같은 회사를 만들기 위해 430억 달러의 자본을 조성하는 것은 불가능한 일이다. 이런 일은 결코 일어나지 않는다. 그러나 자산 17억 달러의 무디스

Chapter 33

같은 회사를 만들기 위해 17억 달러의 자본을 준비하는 것은 가능한 일이다. 무디스의 기본적인 경제성은 코카콜라보다 훨씬 우수하지만, 진입비용이 낮기 때문에 무디스가 가진 경쟁우위의 지속성은 코카콜라보다 훨씬 약하다.

여기서 얻을 수 있는 교훈은 자산수익률이 높은 것이 장기적으로는 오히려 마이너스 요인이 될 수 있다는 것이다.

Chapter 34

유동부채

세부 항목별로 경쟁우위와의 관련성 따져 보기

대차대조표 – 부채	
	(단위: 100만 달러)
매입채무	1,380
미지급비용	5,535
단기부채	5,919
유동성 장기부채	133
기타유동부채	258
유동부채 총계	**13,225**

Chapter 34

유동부채는 1년 내에 만기가 도래하는 회사의 부채와 지급의무를 말한다. 유동부채에는 매입채무, 미지급비용, 단기부채, 유동성 장기부채(장기부채 중 1년 내에 만기가 도래하는 부채), 기타유동부채 등이 있다. 이들 각각을 살펴보고, 이들이 장기적인 경쟁우위와 어떤 관련이 있는지 검토해보자.

Chapter 35

매입채무, 미지급비용, 기타유동부채

경쟁우위 파악에 도움이 되지 않는다

대차대조표 – 부채

(단위: 100만 달러)

▶ 매입채무	1,380
▶ 미지급비용	5,535
단기부채	5,919
유동성 장기부채	133
▶ 기타유동부채	258
유동부채 총계	**13,225**

Chapter 35

　　매입채무는 회사에 상품과 서비스를 제공한 공급자에게 지불해야 할 돈이다. 우리가 1,000파운드의 커피를 주문했을 때 공급자가 커피와 함께 우리에게 청구서를 보내왔다면 청구된 1,000파운드 커피 값이 매입채무이다.

　미지급비용은 지급의무가 있지만 아직 청구되지 않은 부채를 말한다. 이런 미지급비용에는 미지급 매출세, 미지급 임금, 미지급 임대료 등이 포함된다. 어떤 사람을 고용해서 매월 말 임금을 지급한다고 할 때, 월말이 도래하기 전 그가 일하는 매일의 임금은 미지급 임금(비용)으로 장부에 기록된다.

　기타유동부채는 매입채무, 미지급비용, 단기부채, 유동성 장기부채 항목에 포함되지 않는 모든 단기성 부채를 말한다. 매입채무, 미지급비용, 기타유동부채를 통해 그 회사의 현황에 대해 많은 것을 알 수는 있다. 하지만 이들 항목 자체만으로는 그 회사의 지속적인 경제성이나 그 회사가 장기적인 경쟁우위를 갖고 있는지에 대해서 거의 파악할 수 없다.

　그러나 회사가 갖고 있는 단기 및 장기부채의 규모를 통해서는 그 회사의 지속적인 경제성, 그리고 그 회사가 장기적인 경쟁우위를 갖고 있는지에 대해 많은 것을 파악할 수 있다. 다음 장들에서 이를 살펴보도록 하자.

Chapter 36

단기부채

장기부채보다 많은 금융기관은 피하라

대차대조표 – 부채	
	(단위: 100만 달러)
매입채무	1,380
미지급비용	5,535
➡ 단기부채	5,919
유동성 장기부채	133
기타유동부채	258
유동부채 총계	**13,225**

Chapter 36

단기부채는 1년 내에 만기가 도래하는 부채를 말한다. 여기에는 기업어음과 단기 은행 차입금이 포함된다. 역사적으로 단기자금은 장기자금보다 쌌기 때문에 단기로 돈을 빌린 후 그 돈을 장기로 다시 빌려줘 돈을 버는 것이 가능했다. 예를 들어 5%의 이자로 단기자금을 빌려 그 돈을 7% 이자를 받고 장기로 빌려주면 그 차이만큼 돈을 벌 수 있다. 이것은 말은 아주 쉬운 것 같다. 그러나 이 전략의 문제점은 빌린 돈이 단기자금이라는 데 있다. 단기자금이기 때문에 1년 내에 상환해야 하는데, 이것도 별로 어려운 일은 아니다. 만기가 도래하는 단기자금을 상환하기 위해 다시 단기자금을 빌리면 된다. 금융계에서는 이를 '부채의 롤오버(차환, 상환연장Rolling Over)'[22]라고 한다. 이런 롤오버는 단기자금의 이자가 우리가 장기로 빌려주고 받는 이자, 즉 7%보다 높아지지 않는 한 유효한 방식이다. 요컨대 단기자금의 이자가 5%에 머문다면 부채의 롤오버는 훌륭한 아이디어다. 그러나 단기자금의 이자가 8%로 뛰면, 우리가 장기로 빌려준 자금의 이자 7%보다 높은 이자를 주고 단기부채를 롤오버해야 한다. 이렇게 되면 상황은 꼬이게 되고, 손해가 발생하기 시작한다.

단기차입으로 인한 또 다른 재앙은 채권자가 롤오버를 거절할 때 발생한다. 이런 상황이 되면 단기로 빌려서 장기로 빌려줬던 돈을 모두 상환해야 한다. 그러나 빌린 단기자금을 모두 장기로 빌려줬기 때문에(즉 오랫동안 돌려받을 수 없기 때문에) 우리는 상환할 돈이 없다.

이 일이 바로 베어스턴스에게 일어났다. 베어스턴스는 단기자금을 차

단기부채

입해 주택저당증권을 샀고, 이 주택저당증권을 단기차입금의 담보로 제공했다. 그런데 어느 날 채권자가 "당신(베어스턴스)이 우리에게 제공한 담보가 당신이 말한 만큼 가치가 나가는 것 같지 않다. 그렇기 때문에 우리는 당신에게 추가로 돈을 빌려주지 않을 뿐만 아니라 빌려준 돈을 회수할 것이다"라고 말했다. 베어스턴스에게 날벼락이 떨어진 것이다.

금융업에서 돈을 벌 수 있는 가장 현명하고 안전한 방법은 장기로 돈을 차입해 장기로 대출해주는 것이다. 은행들이 항상 우리에게 5년이나 10년짜리 양도성 예금증서CD를 팔려고 하는 것도 바로 이 때문이다. 이 방법은 이자가 싼 단기자금을 차입해 비싼 이자를 받고 장기로 대출해주는 것처럼 빠르고 쉽게 돈을 버는 방법은 아니지만, 보다 건전하며 훨씬 보수적인 방법이다. 우리가 은행과 은행가에게 원하는 것은 바로 이런 건전성이다.

금융기관에 투자할 때, 워렌 버핏은 장기부채보다 단기부채가 많은 회사는 피한다. 워렌 버핏이 좋아하는 웰스 파고의 경우 장기부채 1달러당 단기부채는 57센트로 장기부채보다 단기부채가 훨씬 적다. 그러나 다소 공격적인 뱅크 오브 아메리카의 경우 장기부채 1달러당 단기부채는 2.09달러에 이른다. 공격적이라는 것은 단기적으로는 큰돈을 벌 수 있을지 몰라도, 장기적으로는 재앙에 직면할 수 있다는 것을 의미한다. 그리고 재앙이 발생했을 때 피해를 보는 쪽에 있게 되면 결코 부자가 될 수 없다.

금융위기 시에 경쟁우위를 가지는 것은 공격적인 은행들이 아니라 웰

Chapter 36

스 파고 같은 보수적인 은행들이다. 보수적인 데서 파생되는 안정성이 바로 경쟁우위의 '지속성'을 보장해준다. 보수적인 은행은 다른 은행들이 돈을 잃을 때도 돈을 갖고 있기 때문에 새로운 기회를 포착할 수 있다. 단기자금을 적극적으로 차입하는 회사는 신용시장의 급격한 변동에 휘둘리는 경우가 많다. 그렇게 되면 회사의 사업 전체가 위기에 처하게 되면서, 사업 모델은 지속될 수 없다. 경쟁우위의 지속성은 처녀의 순결과 흡사하다. 즉 다시 되찾기보다는 지키는 것이 더 쉬운 법이다.

Chapter 37

유동성 장기부채

대박일까, 쪽박일까?

대차대조표 – 부채	
	(단위: 100만 달러)
매입채무	1,380
미지급비용	5,535
단기부채	5,919
➡ 유동성 장기부채	133
기타유동부채	258
유동부채 총계	**13,225**

Chapter 37

유동성 장기부채는 장기부채 중 만기가 1년 이내로 도래하는 부채를 말한다. 장기부채는 대부분 1년 이후에 만기가 도래하지만, 일부 대기업들은 만기가 1년 이내에 도래하는 장기부채를 갖고 있다. 그런데 기업이 대차대조표를 작성할 때 유동성 장기부채를 단기부채 항목에 포함시키면 문제가 발생할 수 있다. 이 경우 그 회사가 실제보다 많은 단기부채를 갖고 있는 것으로 오해하게 된다. 따라서 우선은 순수한 단기부채와 유동성 장기부채의 규모를 구분해 명확히 파악하는 것이 중요하다.

일반적으로 장기적인 경쟁우위를 가진 기업들은 사업상 장기부채를 사용할 필요가 거의 또는 전혀 없기 때문에 유동성 장기부채도 거의 또는 전혀 없다. 따라서 유동성 장기부채가 많은 기업은 장기적인 경쟁우위가 없는 기업이라고 볼 수 있다.

장기적인 경쟁우위를 가졌지만 일시적이고 해결 가능한 어떤 사건(예를 들어 다른 사업을 하고 있는 자회사가 기록하고 있는 손실) 때문에 어려움을 겪고 있는 기업에 투자할 때는 그 회사가 어려움을 극복하는 데 어느 정도의 시간이 걸리고, 그 회사의 유동성 장기부채는 어느 정도인지를 확인해야 한다. 만약 이런 장기적인 경쟁우위를 가졌지만, 일시적이고 해결 가능한 문제에 시달리고 있는 회사에 1년 내에 만기가 도래하는 유동성 장기부채가 많으면 일반 투자자들은 겁을 내 투자를 꺼리게 된다. 이때 우리는 그 회사의 주식을 싸게 살 수 있는 좋은 기회를 얻을 수 있다.

그러나 심각한 문제에 시달리고 있는 평범한 회사의 경우 유동성 장

∽ 유동성 장기부채 ∾

기부채가 너무 많으면 오래지 않아 현금흐름에 문제가 발생하고, 결국 파산에 이를 수도 있다. 이런 회사에 투자하면 깡통을 차게 된다. 깡통을 차면 결코 부자가 될 수 없다.

Chapter 38

총유동부채와 유동비율
1 미만이면 반드시 나쁜 회사?

대차대조표 – 부채	
	(단위: 100만 달러)
매입채무	1,380
미지급비용	5,535
단기부채	5,919
유동성 장기부채	133
기타유동부채	258
유동부채 총계	**13,225**

총유동부채와 유동비율

총유동자산을 총유동부채로 나눈 유동비율로 그 회사의 유동성 수준을 판단할 수 있다. 유동비율이 높을수록 그 회사의 유동성 수준이 높으며, 만기가 도래한 유동부채를 상환할 능력도 크다. 유동비율이 1 이상이면 좋고, 1 미만이면 나쁘다고 말한다. 만약 유동비율이 1 미만이면, 그 회사는 단기채무이행에 어려움을 겪을 수 있다고 간주된다. 그러나 27장에서 살펴본 것처럼, 장기적인 경쟁우위를 가진 회사라 할지라도 유동비율이 1 미만인 경우가 종종 있다.

즉 유동성 차원에서 경제성이 열악한 회사라면 꼭 갖추어야 할 '유동성 쿠션(신용경색 같은 어려운 상황에 대비해 준비하는 유동성 자금)'이 필요 없는 그런 우수한 회사도 있다(보다 자세한 논의는 27장을 참고). 유동비율은 그리 우수하지 않은 한계 기업이나 평균 기업의 유동성을 판단하는 데는 매우 중요하고 유용한 지표이다. 하지만 장기적인 경쟁우위를 판단하는 데는 별로 도움이 되지 않는다.

Chapter 39

비유동부채(장기부채)
장기투자 종목을 찾을 때 주목하라

대차대조표 – 부채	
	(단위: 100만 달러)
유동부채 총계	13,225
▶ 비유동부채	3,277
이연법인세	1,890
소수주주지분	0
기타부채	3,133
부채 총계(총부채)	21,525

비유동부채(장기부채)

비유동부채(장기부채)는 1년 이후에 만기가 도래하는 모든 부채를 말한다. 만기가 1년 이내인 부채는 단기부채로 유동부채 항목에 올린다. 회사의 대차대조표에 기록된 비유동부채 규모는 그 회사의 경제성에 대해 많은 것을 말해준다.

워렌 버핏은 장기적인 경쟁우위를 가진 회사들은 비유동부채가 거의 또는 전혀 없다는 사실을 발견했다. 이런 기업들은 수익성이 매우 우수해 사업 확장이나 사업체 인수에 필요한 자금을 내부적으로 조달할 수 있다. 따라서 많은 돈을 빌릴 필요가 없는 것이다.

예외적으로 훌륭한 회사를 찾는 데 도움이 되는 한 가지 방법은 대차대조표를 통해 그 회사의 비유동부채가 얼마나 되는지 확인하는 것이다. 올해뿐만 아니라 지난 10년간 그 회사가 가지고 있던 비유동부채를 확인하는 것이 좋다. 만약 지난 10년 동안 비유동부채가 거의 또는 전혀 없었다면, 그 회사는 매우 강력한 경쟁우위를 가진 회사임에 틀림없다.

워렌 버핏이 지금까지 투자한 회사들을 보면, 대부분 3~4년간의 순이익으로 회사의 비유동부채를 모두 상환할 수 있을 정도로 충분한 연간 수익을 올리는 회사들이었다. 장기적인 경쟁우위를 가진 코카콜라와 무디스 같은 회사는 단 1년의 순이익으로 비유동부채를 모두 상환할 수 있다. 그리고 리글리와 워싱턴포스트는 2년의 순이익으로 모든 비유동부채를 상환할 수 있다.

그러나 경쟁이 심한 산업에 속한 제너럴 모터스나 포드 같은 회사들은 지난 10년간 벌어들인 돈을 모두 쏟아 부어도 엄청난 비유동부채를

Chapter 39

다 갚지 못한다. 여기서 핵심은 3~4년 내에 비유동부채를 모두 상환할 수 있을 정도로 충분한 수익력을 가진 회사는 장기적인 경쟁우위를 가진 회사일 가능성이 크다는 것이다.

그러나 유념해야 할 것이 있다. 이런 장기적인 경쟁우위를 가진 회사들은 수익성이 매우 좋고 부채는 거의 또는 전혀 없기 때문에, LBO의 목표가 되기 쉽다. 즉 인수자는 회사를 인수하는 데 필요한 자금을 조달하기 위해 대상 회사의 현금흐름을 일종의 담보로 제공해 막대한 돈을 차입할 수 있다. 따라서 LBO 후에 대상 회사가 막대한 부채를 떠안을 가능성이 크다. 1980년대 말 RJR 나비스코의 LBO가 바로 이런 사례다.[23]

모든 지표를 통해 볼 때 해당 회사가 장기적인 경쟁우위를 가진 회사지만 대차대조표에 막대한 부채가 있으면, LBO로 부채가 발생했을 가능성이 크다. 이런 경우에는 해당 회사의 채권을 사는 것이 좋다. 왜냐하면 그 회사는 성장보다는 부채를 상환하는 데 초점을 맞출 것이기 때문이다.

이번 장에서 기억해야 할 원칙은 단순하다. 비유동부채가 거의 또는 전혀 없다면 좋은 장기투자 대상일 가능성이 높다는 것이다.

Chapter 40

이연법인세, 소수주주지분, 기타부채

부채의 여러 종류들

대차대조표 – 부채

(단위: 100만 달러)

유동부채 총계	13,225
비유동부채	3,277
이연법인세	1,890
소수주주지분	0
기타부채	3,133
부채 총계(총부채)	21,525

Chapter 40

🔍 '이연법인세'는 납부해야 하지만 아직 납부하지 않은 법인세로서, 차기 연도 이후로 납부를 유보시켜 놓은 법인세를 말한다. 이연법인세는 장기적인 경쟁우위를 가진 기업을 찾는 데 별로 도움이 되지 않는 계정 과목이다.

'소수주주지분'은 매우 재미있는 항목이다. 한 회사가 타인의 주식을 매입하면, 회사는 그 매입대금을 '장기투자자산'으로 장부에 기록하게 된다. 그러나 한 회사 A가 다른 회사 B 주식의 80% 이상을 인수하게 되면, 인수회사 A는 피인수회사 B의 전체 대차대조표와 손익계산서를 자신의 대차대조표와 손익계산서에 통합할 수 있다. 네브래스카 가구점^{NFM}의 지분 90%를 인수한 버크셔 해서웨이의 경우를 예로 들어보자.

버크셔 해서웨이는 네브래스카 가구점의 지분 80% 이상을 인수함으로써 네브래스카 가구점의 전체 손익계산서를 자신의 손익계산서에 통합하였다. 그리고 네브래스카 가구점의 자산과 부채 전부를 자신의 대차대조표에 통합할 수 있었다. 이 과정에서 버크셔 해서웨이가 인수하지 않은 네브래스카 가구점의 나머지 지분 10%의 가치는 소수주주지분으로 대차대조표에 계상되었다. 소수주주지분은 부채로 기록되었는데, 그것은 버크셔 해서웨이가 네브래스카 가구점의 지분 90%만을 소유하고 있음에도 불구하고, 네브래스카 가구점의 자산과 부채 100%를 자신의 장부에 계상했기 때문이다.

그렇다면 장기적인 경쟁우위를 가진 기업과 소수주주지분 사이에는 어떤 관계가 있을까? 별로 관계가 없다. 그러나 장기적인 경쟁우위를 가진 기업을 찾는 데 중요한 지표와 중요하지 않은 지표를 구별하는 것은 의미 있는 일이다. 무엇이 중요하고 중요하지 않은지 알게 되면 별로 중요하지 않은 지표에 매달려 시간을 낭비하지 않을 수 있기 때문이다.

'기타부채'는 회사가 가진 모든 잡다한 부채를 포함하는 항목이다. 여기에는 회사에 불리한 법적 판결에 따른 비용, 장기복리후생비(국민연금 회사 부담분 등), 세금부채에 대한 이자와 가산세, 미납벌금 그리고 파생상품 부채 등이 포함된다. 기타부채에 포함된 항목들도 장기적인 경쟁우위를 찾는 데 거의 도움이 되지 않는다.

Chapter 41

총부채와 자본 대비 부채비율

자기주식을 감안해 살펴보기

대차대조표 – 부채	
	(단위: 100만 달러)
유동부채 총계	13,225
비유동부채	3,277
이연법인세	1,890
소수주주지분	0
기타부채	3,133
➡ 부채 총계(총부채)	21,525

총부채와 자본 대비 부채비율

🔍 총부채는 회사의 모든 부채의 합이다. 총부채는 자본 대비 부채비율을 구하는 데 사용할 수 있는 중요한 수치이며, 자본 대비 부채비율을 다소 수정하면 한 회사가 장기적인 경쟁우위를 갖고 있는지 여부를 판단할 수 있다.

자본 대비 부채비율은 한 회사가 사업을 위해 필요한 자금을 부채를 통해 조달하고 있는지, 아니면 자본(이익잉여금 포함)을 통해 조달하고 있는지 판단하기 위해 사용되었다. 장기적인 경쟁우위를 가진 회사라면 회사의 수익으로 사업에 필요한 자금을 충당할 것이기 때문에, 이론적으로 자본은 많고 총부채는 적어야 한다. 경쟁우위가 없는 회사는 사업에 필요한 자금을 부채를 통해 조달할 것이기 때문에, 자본은 적고 총부채는 많아야 한다. 자본 대비 부채비율을 구하는 식은 다음과 같다.

자본 대비 부채비율 = 총부채 ÷ 자본

그런데 자본 대비 부채비율을 장기적인 경쟁우위를 판단하는 지표로 사용할 때 문제점이 있다. 바로 장기적인 경쟁우위를 가진 기업은 경제성이 매우 높기 때문에 사업에 많은 자본과 이익잉여금을 필요로 하지 않는다는 것이다. 어떤 경우에는 사업을 하는 데 자본과 이익잉여금을 사용할 필요가 거의 없을 정도로 장기적인 경쟁우위를 가진 기업도 있다. 매우 강력한 수익력으로 인해, 이러한 장기적인 경쟁우위를 가진 기업들은 모아둔 자본과 이익잉여금을 자기주식 매입에 사용하는 경우도

Chapter 41

있다. 이 경우 이들의 자본과 이익잉여금은 줄어들게 되면서 자본 대비 부채비율이 증가해 종종 장기적인 경쟁우위가 없는 그저 그런 이류기업의 부채비율과 비슷한 수준이 되기도 한다.

워렌 버핏이 좋아하는 무디스가 이런 현상을 설명하는 데 가장 좋은 사례이다. 무디스는 자본을 보유할 필요가 없을 정도로 매우 훌륭한 경제성을 갖고 있었다. 실제로 무디스는 모든 자본을 자기주식 매입에 사용했고, 따라서 자본은 마이너스 상태였다. 그래서 무디스의 자본 대비 부채비율은 장기적인 경쟁우위를 가진 코카콜라보다는 오히려 제너럴모터스(장기적인 경쟁우위가 없고 순자산이 마이너스인)의 부채비율에 더 비슷했다.

그러나 무디스의 자본에 자기주식 매입을 통해 보유한 자기주식가치를 더하면(자본+자기주식) 자본 대비 부채비율은 0.63으로 떨어져, 마찬가지로 자기주식을 고려한 코카콜라의 자본 대비 부채비율 0.51과 비슷해진다. 그러나 제너럴 모터스의 경우 자기주식을 고려해도 순자산은 여전히 마이너스다. 사실 제너럴 모터스는 자기주식을 매입할 돈이 없기 때문에 자기주식도 없다.

자기주식을 고려한 자본 대비 부채비율을 살펴보면, 장기적인 경쟁우위를 가진 기업과 그렇지 못한 기업의 차이가 극명하다. 장기적인 경쟁우위를 가진 프록터&갬블의 자기주식을 고려한 자본 대비 부채비율은 0.71이고, 리글리는 0.68이다. 리글리의 경우 부채비율이 0.68이라는 것은 리글리의 자본 1달러당 부채가 68센트라는 것을 의미한다. 이에 비해

총부채와 자본 대비 부채비율

굿이어 타이어의 자기주식을 고려한 자본 대비 부채비율은 4.35, 포드는 38.0이다. 포드의 경우 자본 1달러당 부채가 38달러라는 것을 의미하는데, 이는 포드가 72억 달러의 자본에 무려 2,736억 달러의 부채를 갖고 있다는 것을 의미한다.

은행 같은 금융기관은 평균적으로 자본 대비 부채비율이 제조업체보다 훨씬 높다. 은행은 저축자로부터 막대한 돈을 빌려 그 돈을 다시 대출해줌으로써 예금이자와 대출이자 사이의 스프레드(예대마진)를 통해 돈을 번다. 이 때문에 은행들은 보통 막대한 부채를 갖게 되며, 이 부채는 그에 상응하는 막대한 자산(보통 대출금)으로 상쇄된다. 평균적으로 미국의 대형은행들은 자본 1달러당 10달러의 부채를 갖고 있다. 이 때문에 워렌 버핏은 은행들이 레버리지가 높은 사업을 하고 있다고 말한다. 그러나 여기에도 예외는 있는데, 워렌 버핏이 오랫동안 좋아했던 M&T은행(1856년에 설립된 미국의 우량 상업은행)이 그 중 하나다. M&T은행의 자본 대비 부채비율은 7.7인데, 이는 은행 경영진이 다른 은행보다 보수적인 대출관행을 유지하고 있다는 것을 의미한다.

이번 장에서 유념해야 할 원칙은 금융기관을 제외하고, 자기주식을 고려한 자본 대비 부채비율이 0.8 이하이면(더 낮을수록 좋다), 그 회사는 우리가 찾는 장기적인 경쟁우위를 가진 기업일 가능성이 크다는 것이다. 원하던 것을 발견하는 것은 언제나 좋은 일이다. 특히 부자가 되기를 원하는 경우에는 더더욱 그렇다.

Chapter 42

자본

주주들이 처음 투자한 돈으로 아직 남아 있는 돈

대차대조표 – 자본	
	(단위: 100만 달러)
부채 총계	21,525
우선주	0
보통주	1,296
자본잉여금	7,378
이익잉여금	36,235
자기주식	−23,375
➡ 자본 총계	21,534
부채와 자본 총계	43,059

∽ 자본 ∾

한 회사의 총자산(자산 총계)에서 총부채(부채 총계)를 뺀 것이 그 회사의 순자산이고, 이 순자산을 자본 또는 그 회사의 장부가라고 한다. 자본은 사업을 위해 회사 소유주나 주주들이 처음 투자한 돈으로, 현재까지 남아 있는 돈을 말한다. 자본에는 우선주와 보통주를 포함하는 자본금, 자본잉여금[24] 그리고 이익잉여금이 포함된다. 부채 총계와 자본 총계의 합은 자산 총계와 같아야 한다. 이처럼 부채와 자본 총계가 자산 총계와 균형balance을 이루기 때문에 영어에서는 대차대조표를 'Balance Sheet'라고 한다.

자본이 중요한 이유는 해당 회사가 장기적인 경쟁우위를 가졌는지 확인하기 위해 사용할 수 있는 자기자본이익률을 계산하는 데 필요한 항목이기 때문이다.

Chapter 43

우선주, 보통주, 자본잉여금
우량한 회사는 우선주가 거의 없다

대차대조표 – 자본

(단위: 100만 달러)

◘ 우선주	0
◘ 보통주	1,296
◘ 자본잉여금	7,378
이익잉여금	36,235
자기주식	−23,375
자본 총계	**21,534**

우선주, 보통주, 자본잉여금

기업은 채권이나 주식을 대중에게 판매함으로써 새로운 자본을 조달할 수 있다. 채권 판매를 통해 조달한 자금은 미래 어느 시점에 다시 상환해야 한다. 따라서 이 자금은 빌린 돈이다. 그러나 우선주나 보통주(이 둘을 보통 'Equity'라고 한다)를 대중에게 판매해 조달한 자금은 상환할 필요가 없는, 즉 회사가 마음대로 사용할 수 있는 회사 돈이다.

보통주는 그 회사에 대한 소유권을 나타낸다. 보통주 보유자(보통주 주주)들은 그 회사의 소유자로 최고경영자를 고용하는 이사진을 선출할 수 있는 권리를 갖는다. 또 보통주 주주들은 이사회 결의에 따라 배당금을 받는다. 그리고 회사가 매각될 경우, 매각대금은 보통주 소유자들이 나눠 받는다.

우선주는 의결권이 없지만, 보통주에 앞서 배당을 받을 권리가 있다. 또 회사가 파산할 경우 우선주 주주들은 보통주 주주들보다 우선순위로 보상을 받는다.

우선주와 보통주는 대차대조표에 액면가로 계상되고, 회사가 액면가 이상으로 주식을 팔았을 때 그 액면가 초과금은 대차대조표에 '자본잉여금(주식 발행 초과금과 기타자본잉여금)'으로 계상된다. 따라서 한 회사가 액면가가 주당 100달러인 우선주를 주당 120달러에 팔았다고 하면, 액면가인 주당 100달러는 대차대조표의 우선주 항목에 계상된다. 그리고 액면가 초과금인 주당 20달러는 자본잉여금 항목에 계상된다.

보통주의 경우도 마찬가지다. 액면가가 주당 1달러인 보통주를 주당 10달러에 팔았다면 1달러는 대차대조표의 보통주 항목에 계상되고, 9달

Chapter 43

러는 자본잉여금 항목에 계상된다.

　우선주와 관련해 재미있는 것은, 장기적인 경쟁우위를 가진 회사는 우선주가 거의 없다는 것이다. 왜냐하면 장기적인 경쟁우위를 가진 회사는 어떤 형태의 부채도 보유하지 않으려고 하기 때문이다. 장기적인 경쟁우위를 가진 회사는 많은 돈을 벌기 때문에 필요한 돈을 자체 조달할 수 있다. 그리고 우선주는 다시 상환할 필요가 없다는 점에서 기술적으로는 주식이지만, 배당금을 우선 지급해야 하기 때문에 부채와 같은 성격을 갖는다.

　부채에 대한 이자는 세전 이익에서 비용으로 공제된다. 하지만 우선주 배당금은 비용으로 공제되지 않기 때문에, 우선주 발행에는 많은 비용이 드는 경향이 있다. 결국 우선주는 많은 비용이 들기 때문에 기업들은 가능하면 우선주를 발행하지 않으려고 한다. 따라서 장기적인 경쟁우위를 가진 기업은 우선주가 거의 또는 전혀 없을 가능성이 크다.

Chapter 44

이익잉여금
버핏의 부의 비밀

대차대조표 – 자본	
	(단위: 100만 달러)
우선주	0
보통주	1,296
자본잉여금	7,378
➡ 이익잉여금	36,235
자기주식	−23,375
자본 총계	21,534

Chapter 44

기업의 당기순이익은 배당금 지급이나 자기주식 매입에 사용할 수 있고, 회사의 성장을 유지하기 위해 회사가 보유(내부 유보)할 수도 있다. 이렇게 회사가 보유한 이익은 대차대조표 자본 항목에서 이익잉여금으로 기록된다. 회사가 이런 이익잉여금으로 수익성 있는 사업을 하게 되면, 이익잉여금은 회사의 경제성을 장기적으로 크게 개선할 수 있다. 워렌 버핏은 버크셔 해서웨이의 이익 100%를 모두 이익잉여금으로 보유했다. 그로 인해 버크셔 해서웨이의 자본은 1965년 주당 19달러에서 2007년 주당 7만 8,000달러로 증가했다.

한해 회사의 순이익 중 이익잉여금이 얼마나 되었는지 알아보려면 회사의 세후 순이익(당기순이익)에서 그해에 지급한 배당금과 자기주식 매입에 사용된 금액을 빼면 된다(그해의 이익잉여금 = 그해의 세후 순이익 − 그해의 배당금 − 그해의 자기주식 매입금). 2007년 코카콜라의 세후 순이익은 59억 달러였고, 그해 배당금과 자기주식 매입에 31억 달러를 사용했다. 따라서 2007년 코카콜라의 이익잉여금은 약 28억 달러가 된다.

대차대조표의 이익잉여금은 그동안 누적된 이익잉여금이며, 매년 새롭게 발생한 이익잉여금은 누적된 이익잉여금에 더해진다. 마찬가지로 회사가 손실을 보면, 그 손실액은 그동안 누적된 이익잉여금에서 차감된다. 회사가 누적해놓은 이익잉여금보다 더 많은 손실을 기록하면, 이익잉여금은 마이너스가 된다.

기업이 장기적인 경쟁우위를 가졌는지 확인하는 데 도움을 주는 대차대조표의 여러 항목 중에서 이익잉여금이야말로 가장 중요한 항목에 속

◇◎ 이익잉여금 ◎◇

한다. 이익잉여금이 중요한 이유는 이익잉여금을 늘리지 못하는 기업은 순자산(자본)을 늘리지 못하기 때문이다. 순자산을 늘리지 못하는 기업은 지속적으로 주주를 부자로 만들어주지 못한다.

즉 한 회사의 이익잉여금 증가율은 그 회사가 장기적인 경쟁우위를 가지고 있는지 아닌지를 알려주는 매우 훌륭한 지표가 된다. 워렌 버핏이 좋아하는 기업들의 경우를 보자. 지난 2002~2007년 5년간 코카콜라의 연평균 이익잉여금 증가율은 7.9%였으며, 리글리는 10.9%, 벌링턴 노던 산타페 철도는 15.6%, 앤호이저-부시는 6.4%, 웰스 파고는 은행답게 14.2%, 그리고 워렌 버핏의 지주회사 버크셔 해서웨이는 23%였다.

이익잉여금의 증가가 모두 기존 제품의 매출 증가 때문에 발생하는 것은 아니다. 다른 사업체를 인수해도 이익잉여금이 증가할 수 있다. 두 회사가 합병할 때 두 회사의 이익잉여금이 합쳐지며, 그 결과 인수회사의 이익잉여금은 증가한다. 2005년 프록터&갬블이 질레트를 합병한 후 이익잉여금이 130억 달러에서 310억 달러로 급증한 것이 바로 이러한 경우이다.

더 재미있는 것은 제너럴 모터스와 마이크로소프트 모두 이익잉여금이 마이너스란 사실이다. 제너럴 모터스의 이익잉여금이 마이너스인 것은 자동차 산업의 열악한 경제성으로 인해 수십억 달러의 손실을 보았기 때문이다. 그러나 마이크로소프트의 이익잉여금이 마이너스인 것은 회사의 경제성이 너무 강력해 그동안 벌어들인 막대한 이익을 이익잉여금으로 보유할 필요성을 느끼지 않았고, 대신 이익잉여금 이상의 금액을

○○ Chapter 44 ○○

자기주식 매입과 배당금으로 사용했기 때문이다.

　버크셔 해서웨이를 소유하면서 워렌 버핏이 성공을 거둘 수 있었던 위대한 비밀 중의 하나는 버크셔 해서웨이의 경영권을 확보한 바로 그날 배당금 지급을 중단한 데 있다. 이로써 버크셔 해서웨이의 연간 순이익은 100% 이익잉여금이 되었다. 그리고 기회가 왔을 때, 워렌 버핏은 이 이익잉여금을 보다 수익성 높은 사업에 투자했다. 그렇게 해서 벌어들인 이익을 다시 이익잉여금으로 보유했다가, 그 이익잉여금을 또다시 수익성이 훨씬 좋은 다른 사업에 투자했던 것이다. 이러한 방법을 통해 시간이 갈수록 버크셔 해서웨이의 이익잉여금은 증가했고, 이익잉여금이 증가하자 버크셔 해서웨이가 돈을 벌 수 있는 자금력도 커졌다. 1965년부터 2007년까지 버크셔 해서웨이의 이익잉여금이 증가하면서 세전 이익도 1965년 주당 4달러에서 2007년 주당 1만 3,023달러로 증가했는데, 이는 연평균 21%의 증가율을 기록한 것이다.

　이론은 간단하다. 회사의 이익잉여금이 많을수록 그 회사의 이익잉여금 증가율과 미래의 이익 증가율이 높아진다. 물론 여기서 핵심은 장기적인 경쟁우위를 가진 회사들의 이익잉여금을 투자해야 한다는 것이다. 워렌 버핏은 버크셔 해서웨이를 통해 이를 실현했다. 버크셔 해서웨이는 황금알을 낳는 거위였다. 그런데 버크셔 해서웨이가 낳은 황금알들은 또 다른 황금알을 낳는 거위들을 부화시켰고, 이 거위들은 또다시 더 많은 황금알들을 낳았다. 워렌 버핏은 이런 과정을 오랫동안 반복하면 백만장자뿐만 아니라 억만장자가 될 수 있다는 사실을 알았던 것이다.

Chapter 45

자기주식

우량주가 갖춰야 할 필요조건

대차대조표 – 자본	
	(단위: 100만 달러)
우선주	0
보통주	1,296
자본잉여금	7,378
이익잉여금	36,235
▶ 자기주식	−23,375
자본 총계	21,534

Chapter 45

기업이 자기주식[25]을 매입한 후에는, 그것을 소각하거나 보유했다가 후에 다시 시장에 내다 팔 수 있다. 자기주식을 소각하면 그 주식은 더 이상 존재하지 않는다. 그러나 후에 다시 시장에 내놓기 위해 자기주식을 보유하면, 그 주식은 대차대조표 자본 항목의 자기주식 계정에 기록된다. 자기주식은 의결권도 없고 배당을 받을 권리도 없다. 자산이라고 볼 수도 있지만, 자기주식은 자본의 감소를 의미하기 때문에 대차대조표 자본 계정에서 마이너스로 기록된다.

장기적인 경쟁우위를 가진 회사는 경제성이 우수하기 때문에 자기주식 매입에 사용할 현금이 많은 것이 보통이다. 따라서 장기적인 경쟁우위를 가진 회사를 확인할 수 있는 방법 중 하나는 대차대조표에 자기주식 항목이 있는지 확인하는 것이다.

자기주식과 관련해 몇 가지 유념해야 할 것이 있다. 하나는 자기주식을 매입하면 회사의 자본이 감소하며, 자본이 감소하면 회사의 자기자본이익률^{ROE}이 높아진다는 것이다. 장기적인 경쟁우위를 가진 회사는 자기자본이익률이 높다. 따라서 자기자본이익률이 높은 것이 금융 공학적 기법 때문인지, 또는 그 회사의 우수한 경제성 때문인지, 아니면 이 둘의 조합 때문인지를 확인해야 한다. 그것을 확인하기 위해서는 먼저 마이너스로 되어 있는 자기주식 금액을 플러스로 바꾼 다음, 그 금액을 기존 자본 항목들(우선주, 보통주, 자본잉여금, 이익잉여금 등)과 합해 새로운 자본 총계를 구한다. 이렇게 구한 새로운 자본 총계로 그 회사의 당기순이익을 나누면 금융 공학적 효과를 제거한 그 회사의 실제 자기자본이익률을 구할 수 있다.

또한 미국에서는 한 개인이 50% 이상의 지배지분을 가진 개인지주회사에 대해 개인지주회사세를 부과하는데, 이때 개인지주회사 여부를 파악하기 위해 미 국세청[IRS]은 자기주식을 제외한 사외주를 기준으로 해당 개인의 지분을 계산한다.[26] 따라서 미 국세청은 자기주식을 제외한 사외주를 기준으로 했을 때 한 개인이 50% 이상의 지배지분을 갖고 있으면 개인지주회사에 해당하기 때문에 개인지주회사세를 부과한다. 그럼에도 불구하고 자기주식을 포함한 지분을 계산하여 자신의 지분이 50% 미만이라고 주장하는 것(따라서 개인지주회사가 아니기 때문에 개인지주회사세를 내지 않아도 된다고 주장)을 비양심적인 유형으로 본다.

이번 장의 원칙은 간단하다. 즉 그 회사가 자기주식을 갖고 있다는 것, 그리고 꾸준히 자기주식을 매입해왔다는 것은 그 회사가 장기적인 경쟁우위를 가진 회사임을 말해주는 좋은 지표가 된다는 것이다.

자기자본이익률 I
주주의 돈을 잘 활용하는 회사를 찾아라

대차대조표 – 자본	
	(단위: 100만 달러)
우선주	0
보통주	1,296
자본잉여금	7,378
이익잉여금	36,235
자기주식	−23,375
자본 총계	21,534

자기자본이익률 I

자본(자본 총계)은 그 회사의 총자산에서 총부채를 뺀 것이다. 자본은 우선주와 보통주 총액에 자본잉여금과 이익잉여금을 더하고, 거기에서 자기주식을 뺀 금액이다. 자본의 원천은 회사 설립 시 우선주와 보통주를 매각해 조달한 자금과 그후 회사 운영 과정에서 다시 우선주와 보통주를 매각해 조달한 자금, 그리고 회사가 누적한 이익잉여금의 세 가지다.

모든 자본은 회사의 것이고, 회사는 보통주 주주들의 것이다. 따라서 실제로 자본은 보통주 주주들의 것이다. 바로 이 때문에 자본을 자기자본이라고 한다.[27]

우리가 한 회사의 주주라면, 경영진이 우리의 돈(자기자본)을 어떻게 활용하여 돈을 벌어다 줄지에 대해 큰 관심을 갖게 된다. 만약 경영진이 자기자본을 잘 활용하지 못하면 우리는 별로 행복하지 않을 것이고, 그러면 주식을 팔아 그 돈을 다른 곳에 투자할 수도 있다. 반면 경영진이 자기자본을 잘 활용하면 그에 고무된 다른 사람들과 마찬가지로 우리는 그 회사의 주식을 더 살 수도 있는 것이다.

바로 이 때문에 금융 애널리스트들은 주주의 돈(자기자본)을 활용하는 경영진의 능력을 평가하기 위해 자기자본이익률^{ROE}이란 지표를 개발했다. 워렌 버핏은 장기적인 경쟁우위를 가진 기업을 찾는 데 있어 자기자본이익률을 매우 중요한 지표로 활용한다. 다음 장에서 이를 보다 자세히 살펴보자.

Chapter 47

자기자본이익률 Ⅱ
높으면 투자하고 낮으면 투자하지 마라

자기자본이익률 = 당기순이익 ÷ 자기자본

워렌 버핏은 장기적인 경쟁우위를 가진 기업의 자기자본이익률은 평균 이상이라는 것을 발견했다. 코카콜라는 30%, 리글리는 24%, 허쉬는 33% 그리고 펩시콜라는 34%의 자기자본이익률을 기록하고 있다.

그러나 지속 가능한 경쟁우위를 갖지 못할 정도로 경쟁이 심한 항공산업의 경우 자기자본이익률은 크게 떨어진다. 수익을 낸 해의 경우에도 유나이티드 항공의 자기자본이익률은 15%였고, 아메리칸 항공은 4%에 불과했다. 델타 항공과 노스웨스트 항공은 이익을 내지 못했기 때문에 자기자본이익률을 기록할 수도 없었다.

자기자본이익률 II

자기자본이익률이 높다는 것은 그 회사가 보유하고 있는 이익잉여금을 잘 사용하고 있다는 것을 의미한다. 자기자본이익률이 높으면 시간이 갈수록 회사의 가치는 상승하고, 결국에는 시장이 그런 가치 상승을 제대로 평가해 주가를 올리게 된다.

그러나 한 가지 유념해야 할 것이 있다. 수익성이 매우 높아 이익잉여금을 보유할 필요가 없는 일부 회사의 경우 이익을 모두 주주를 위해(배당금이나 자기주식 매입) 사용하기도 한다. 이런 회사의 자기자본은 종종 마이너스가 되기도 한다. 그런데 파산한 회사의 자기자본이익률도 마이너스다. 따라서 이 둘을 구별해야 한다. 즉 오랫동안 강력한 순이익을 기록했지만 자기자본이익률이 마이너스라면, 이 회사는 장기적인 경쟁 우위를 가진 회사일 가능성이 큰 것이다. 그러나 역대 순이익과 자기자본이익률이 모두 마이너스라면, 그 회사는 경쟁에 시달리는 그저 그런 회사일 가능성이 크다.

이번 장에서 기억해야 할 원칙은 자기자본이익률이 높으면 투자하고, 자기자본이익률이 낮으면 투자하지 말라는 것이다.

Chapter 48
레버리지의 문제점과 유의점
'병든 닭'이 '황금 거위'로 보일 수 있다

레버리지Leverage란 이익을 높이기 위해 부채를 사용하는 것을 말한다. 한 회사가 7%의 이자로 1억 달러를 빌려 그 돈으로 12%의 이익을 올렸다고 하면, 이 회사는 자본비용(이자)을 제하고 5%의 이익을 올린 것이다. 즉 이 회사는 500만 달러를 벌어들임으로써 이익과 자기자본이익률이 모두 증가했다.

여기서 레버리지의 문제점은 해당 회사가 막대한 부채를 사용하고 있는데도 장기적인 경쟁우위를 가진 것처럼 착각하게 만든다는 데 있다. 월스트리트의 투자은행들은 이익을 올리기 위해 막대한 레버리지를 사용하는 것으로 악명이 높다. 투자은행의 경우 1,000억 달러를 약 6%의 이자로 빌려 7%의 이자로 그 돈을 대출해줌으로써 1%, 즉 10억 달러를

레버리지의 문제점과 유의점

벌어들인다. 이렇게 레버리지를 이용해 매년 10억 달러를 벌면, 사실은 그렇지 않음에도 불구하고, 장기적인 경쟁우위가 있는 것처럼 보인다.

문제는 투자은행이 지속적으로 돈을 벌고 있는 것 같아도 실제로는 빌린 돈조차 갚지 못하는 경우도 있다는 것이다. 최근 서브프라임모기지 사태와 금융위기에서 이런 일이 벌어졌으며, 그 결과 투자은행들은 수천억 달러를 날렸다. 투자은행들은 6% 이자로 수십억 달러를 차입해 8%의 이자를 받고 서브프라임모기지 대출자들에게 대출해줌으로써 처음에는 많은 돈을 벌었다. 그러나 경기가 하강하기 시작하면서 서브프라임모기지 대출자들은 대출금 상환에 어려움을 겪게 되었다. 서브프라임모기지 대출자들은 지속적인 수입이 없는 사람들이었고, 따라서 결국은 이들에게 모기지 대출을 해준 투자은행들도 지속적인 수입이 없는 것이나 마찬가지였다.

워렌 버핏은 이익을 창출하기 위해 많은 레버리지를 사용하는 회사는 경쟁우위의 질과 지속성이 떨어진다고 판단했다. 이렇게 많은 레버리지를 사용하는 회사는 단기적으로는 황금알을 낳는 거위처럼 보일지 몰라도, 결국엔 그렇지 않다는 것이 밝혀지게 되는 것이다.

PART 4

워렌 버핏의 눈으로 현금흐름표 보기

똑같이 성장하고 있다 해도, 성장하는 데 많은 돈이 필요한 기업과
많은 돈이 필요하지 않은 기업 사이에는 큰 차이가 있다.

— 워렌 버핏 —

Chapter 49

현금흐름표

우량기업을 판별하는 데 아주 유용한 지표

대부분의 회사들은 '현금주의 회계원칙'에 반대되는 '발생주의 회계원칙'을 사용한다. 발생주의 회계원칙이란 실제 결제가 몇 년 후에 이루어진다 해도 상품이 출하될 때, 즉 매출이 발생했을 때 매출액을 장부에 기록하는 회계원칙이다. 반대로 현금주의 회계원칙이란 실제 현금이 들어올 때 장부에 기록하는 회계원칙이다. 거의 모든 회사들은 벤더들에게 자사 제품을 외상으로 제공하고 있기 때문에 발생주의 회계원칙을 사용하는 것이 보다 편하다고 생각했다. 따라서 외상매출액을 매출채권으로 잡아 손익계산서에 영업수익으로 계상한다.

발생주의 회계원칙에 따라 외상매출액이 손익계산서에는 영업수익으로 잡히기 때문에, 기업들은 실제 현금의 유출입 현황을 따로 기록해둘

Chapter 49

필요가 있었다. 이를 위해 만든 것이 현금흐름표다.

수익성은 좋지 않은데 주식이나 채권 매각을 통해 많은 현금이 유입된 기업이 있을 수 있다. 반대로 수익성은 좋지만 외상매출금액이 많아 현금 유입이 적은 기업도 있다. 그러나 현금흐름표는 유입된 현금이 유출된 현금보다 많은지(플러스 현금흐름), 아니면 유출된 현금이 유입된 현금보다 많은지(마이너스 현금흐름)만을 말해준다.

현금흐름표는 손익계산서처럼 일정 기간 동안의 현금 유출입을 기록한 것으로 기업들은 보통 한 분기나 회계연도에 한차례 현금흐름표를 작성한다. 이러한 현금흐름표는 다음의 세 부분으로 구성된다.

첫째, 영업활동으로 인한 현금흐름

영업활동으로 인한 현금흐름은 당기순이익에 감가상각비와 무형자산상각비를 더한 것이다. 감가상각비와 무형자산상각비를 더하는 이유는 (회계의 관점에서 감가상각비와 무형자산상각비가 비용으로 잡히긴 하지만) 이들 비용은 사실상 이미 몇 년 전에 사용된 현금이고, 따라서 실제로 현금이 유출되는 비용은 아니기 때문이다. 이렇게 당기순이익에 감가상각비와 무형자산상각비를 더한 것이 영업활동으로 인한 현금흐름이다.

◇◇ 현금흐름표 ◇◇

영업활동으로 인한 현금흐름

(단위 : 100만 달러)

당기순이익	5,981
감가상각비	1,163
무형자산상각비	125
영업활동으로 인한 현금흐름	**7,269**

둘째, 투자활동으로 인한 현금흐름

여기에는 해당 기간 동안 발생한 모든 자본적지출이 포함된다. 자본적지출은 비용으로 지출된 것이기 때문에 항상 마이너스가 되어 현금을 소진시킨다.

또 기타투자활동으로 인한 현금흐름도 투자활동으로 인한 현금흐름에 포함된다. 여기에는 수입을 창출하는 자산의 매입과 매각에 의해 유출되거나 유입된 모든 현금이 포함된다. 유입된 현금이 유출된 현금보다 적으면 마이너스가 되고, 유입된 현금이 유출된 현금보다 많으면 플러스가 된다. 자본적지출과 기타투자활동으로 인한 현금흐름을 합한 것이 투자활동으로 인한 현금흐름이다.

투자활동으로 인한 현금흐름

(단위 : 100만 달러)

자본적지출	−1,648
기타투자활동으로 인한 현금흐름	−5,071
투자활동으로 인한 현금흐름	**−6,719**

셋째, 재무활동으로 인한 현금흐름

이는 재무활동에 의해 회사에 유출되고 유입된 현금을 말한다. 여기에는 배당금 지급에 따른 현금 유출, 자기주식 매입과 주식 발행에 따른 현금 유출입이 포함된다. 기업이 신규 공장의 건설자금을 조달하기 위해 주식을 발행할 때, 회사로 현금이 유입된다. 또 기업이 자기주식을 매입할 때, 회사에서 현금이 유출된다. 채권도 마찬가지이다. 채권을 팔면(발행하면) 현금이 유입되고, 자사 채권을 매입하면(채권을 상환하면) 현금이 유출된다. 이 세 항목을 더한 것이 재무활동으로 인한 현금흐름이다.

재무활동으로 인한 현금흐름

(단위 : 100만 달러)

배당금 지급	−3,149
주식의 발행/자기주식 매입(순)[28]	−219
채권의 발행/상환(순)[29]	4,341
재무활동으로 인한 현금흐름	973

이상의 세 가지 현금흐름을 더한 것이 그 회사의 현금의 증가(감소)이다.

현금의 증가(감소)

(단위 : 100만 달러)

영업활동으로 인한 현금흐름	7,269
투자활동으로 인한 현금흐름	−6,719
재무활동으로 인한 현금흐름	973
현금의 증가(감소)	1,523

현금흐름표

워렌 버핏은 현금흐름표의 일부 정보가 해당 기업의 장기적인 경쟁우위를 판단하는 데 매우 유용하다는 것을 발견했다. 그렇다면 워렌 버핏은 현금흐름표의 어떤 정보에 주목하는지에 대해 살펴보도록 하자.

Chapter 50

자본적지출

버핏이 전화회사에 투자하지 않는 이유

현금흐름표	
	(단위: 100만 달러)
➡ 자본적지출	−1,648
기타투자활동으로인한 현금흐름	−5,071
투자활동으로 인한 현금흐름	−6,719

자본적지출

자본적지출이란 부동산, 공장, 설비같이 성격상 비교적 항구적인(1년 이상 보유되는) 자산의 취득, 유지, 보수를 위해 현금 및 현금성자산을 지출하는 것이다. 자본적지출에는 특허권 같은 무형자산에 대한 지출도 포함된다. 기본적으로 이러한 자산들은 1년 이상의 기간 동안 감가상각이나 무형자산상각비용으로 처리된다. 자본적지출은 투자활동으로 인한 현금흐름 항목에 기록된다.

회사 용도로 새 트럭을 사는 것도 자본적지출이며, 그 트럭의 가치는 사용연한(예를 들어 6년) 동안 감가상각된다. 그러나 그 트럭에 사용되는 연료비는 유동비용으로, 감가상각되지 않고 당해 연도에 전액 비용으로 처리된다.

그러나 모든 회사의 자본적지출이 같은 것은 아니다. 많은 회사들은 사업을 유지하기 위해 막대한 자본적지출을 해야 한다. 자본적지출이 여러 해 동안 계속 높은 수준을 유지하게 되면, 이익은 큰 영향을 받는다. 워렌 버핏은 바로 이런 이유로 전화회사에 결코 투자하지 않았다. 전화회사는 통신망을 구축하는 데 막대한 자본적지출을 해야 하고, 그로 인해 회사의 장기적 경제성이 크게 훼손된다는 것이다.

일반적으로 장기적인 경쟁우위를 가진 기업은 그렇지 않은 기업보다 이익 대비 자본적지출이 적다. 워렌 버핏이 오랫동안 좋아했던 코카콜라는 1998~2007년 10년 동안 주당 총 20.21달러를 벌었고, 같은 기간 자본적지출은 이익의 19%인 4.01달러에 불과했다. 역시 워렌 버핏이 좋아했던 무디스의 경우 같은 기간 주당순이익은 총 14.24달러였고, 그 중 5%

인 주당 0.84달러만 자본적지출에 사용했다.

코카콜라와 무디스를 경제성이 약한 제너럴 모터스와 비교해보자. 제너럴 모터스의 1998~2007년 10년간 주당순이익은 총 31.64달러였고, 같은 기간 자본적지출은 주당 140.42달러였다. 동 기간 타이어 제조사인 굿이어의 주당순이익은 총 3.67달러였고, 자본적지출은 주당 34.88달러였다.

제너럴 모터스는 이익의 444%를 자본적지출에 사용했고, 굿이어가 이익의 950%를 자본적지출에 사용했다면, 이익과 자본적지출의 차액은 무엇을 의미하는가? 그 차액을 은행 차입금이나 채권 발행으로 조달했다면 회사의 부채가 증가하고 따라서 이자비용도 증가하게 되는데, 이는 결코 좋은 일이 아니다. 그러나 코카콜라와 무디스는 비유동부채를 줄이거나 낮은 수준으로 유지하는 것은 물론, 그와 동시에 사외주식을 줄이는 자기주식 매입 프로그램을 운영할 수 있을 정도로 충분한 잉여수입을 올리고 있다. 부채를 줄이거나 자기주식을 매입하는 것은 모두 워렌 버핏이 좋아하는 방식이고, 그래서 워렌 버핏은 이 두 회사를 장기적인 경쟁우위를 가진 회사라고 판단할 수 있었다.

회사의 순이익에 대한 자본적지출의 비율을 계산하는 방법은 해당 회사의 지난 10년간 자본적지출 총액을 같은 기간의 순이익 총액으로 나누면 된다(지난 10년간 자본적지출 총액÷지난 10년간 순이익 총액). 10년간의 자료를 사용하는 것은 그래야 그 회사의 장기적인 경쟁우위를 상당히 정확하게 판단할 수 있기 때문이다.

~~ 자본적지출 ~~

역대(지난 10년간의) 자료를 보면, 장기적인 경쟁우위를 가진 회사들은 순이익에서 아주 작은 규모의 돈만 자본적지출에 사용했다. 예를 들어 리글리의 연평균 자본적지출은 순이익의 49% 수준이고, 프록터&갬블은 28%, 펩시콜라는 36%, 아메리칸 익스프레스는 23%, 코카콜라는 19%, 무디스는 5%에 불과했다.

워렌 버핏은 해당 회사의 지난 10년간 순이익 대비 자본적지출의 비율이 연평균 50% 미만이면 장기적인 경쟁우위를 가진 회사일 가능성이 크고, 25% 미만이면 그 가능성은 더 커진다고 본다. 이런 장기적인 경쟁우위를 가진 기업을 찾는 것이야말로 투자의 알파요, 오메가다.

Chapter 51

자기주식 매입

세금 부담이 없는 또 다른 수익의 원천

현금흐름표	
	(단위: 100만 달러)
배당금 지급	−3,149
➡ 주식의 발행과 자기주식 매입(순)	−219
채권의 발행/상환(순)	4,341
재무활동으로 인한 현금흐름	973

자기주식 매입

위의 표에서 볼 수 있듯이 이 회사는 배당금에 31억 4,900만 달러를 사용했고 2억 1,900만 달러를 자기주식 매입에 사용했다. 그리고 43억 4,100만 달러의 신규 채권을 발행·매각했음을 알 수 있다. 그 결과 이 회사는 재무활동으로 총 9억 7,300만 달러의 현금 유입이 있었다.

장기적인 경쟁우위를 가진 회사들은 막대한 돈을 벌기 때문에 그 돈을 어디에 써야 할지 행복한 고민을 하게 된다. 이때 벌어들인 돈을 그냥 쌓아두기도 싫고 기존 사업에 투자할 것도 없으며 투자할 신규 사업을 찾을 수도 없을 경우, 그 돈을 주주에게 배당금으로 지급하거나 자기주식 매입에 사용할 수 있다. 그러나 배당금의 경우 주주들은 배당소득세를 내야 하기 때문에, 워렌 버핏은 주주의 부를 증대시키기 위해 배당금을 사용하는 방법을 그리 좋아하지는 않았다. 배당금을 사용하는 것은 사실 누구도 행복하게 하는 방법은 아니다. 대신 워렌 버핏이 좋아하는 보다 깔끔한 방법이 자기주식 매입이다. 자기주식 매입을 하면 사외주가 줄어(주주들의 지분이 증가하고) 회사의 주당순이익이 증가하며, 결국엔 주가를 상승시킨다.

한 회사가 1,000만 달러의 이익을 올리고 100만 주의 사외주가 있다고 가정해보자. 이 회사의 주당순이익은 10달러이다(주당순이익 = 순이익 ÷ 사외주식 수). 여기서 사외주가 200만 주로 늘어나면 주당순이익은 5달러로 떨어지고, 사외주가 50만 주로 감소하면 주당순이익은 20달러로 증가한다. 사외주가 많을수록 주당순이익은 감소하고, 사외주가 적을수록 주당순이익은 증가한다. 따라서 회사가 자기주식을 매입하면 실제 순

Chapter 51

이익은 증가하지 않아도 주당순이익은 증가한다. 자기주식 매입의 가장 좋은 점은 자기주식 매입으로 주주의 부가 증가했음에도 불구하고, 주식을 팔기 전에는 세금을 낼 필요가 없다는 것이다.

워렌 버핏은 이런 자기주식 매입과 같은 금융공학을 매우 좋아해서 그가 투자한 장기적인 경쟁우위를 가진 회사의 이사회에 배당금을 늘리는 대신 자기주식 매입을 촉구한다. 가이코(워렌 버핏이 투자한 보험회사)에도 그렇게 했고, 워싱턴포스트에도 그렇게 하고 있다.

한 회사가 자기주식을 매입하고 있는지 알아보려면 현금흐름표의 재무활동으로 인한 현금흐름을 보면 된다. 재무활동으로 인한 현금흐름 중 '주식의 발행과 자기주식 매입' 항목에서 자기주식 매입 여부를 확인할 수 있다. 이 항목에는 주식의 발행으로 인한 현금 유입과 자기주식 매입으로 인한 현금 유출을 정산한 금액이 기록된다.

만약 그 회사가 매년 자기주식을 매입하고 있는 것으로 확인되면, 그 회사는 자기주식을 매입할 수 있는 여유현금을 창출해내고 있는 장기적인 경쟁우위를 가진 회사일 가능성이 크다. 즉 한 회사의 자기주식 매입이나 자기주식 소각 실적은 그 회사가 장기적인 경쟁우위를 가진 회사인지 아닌지를 알려주는 매우 좋은 지표 중 하나인 것이다.

PART

 최상의 타이밍에 최고의
주식을 사고파는 법

나는 10~15년 후를 예측할 수 있는 회사를 찾는다.
리글리의 경우를 보자. 인터넷이 아무리 발전해도
사람들이 껌 씹는 것까지 바꾸지는 못할 것이다.

— 워렌 버핏 —

Chapter 52

버핏의 혁명적 주식투자 아이디어

1980년대 말 워렌 버핏은 콜롬비아 대학교에서 장기적인 경쟁우위를 가진 회사는 지속적이고 예측 가능한 이익 증가를 보이기 때문에 그 회사의 주식은 이자가 계속 상승하는 일종의 '채권성 주식Equity Bond'30]이라고 강연한 바 있다. 채권성 주식이란 이런 장기적인 경쟁우위를 가진 회사의 주식을 말하며, 채권성 주식의 이자라는 것은 그 회사의 세전 이익을 말한다. 그 회사가 지급하는 배당금이 아니라 그 회사의 실제 세전 이익이 채권성 주식의 이자란 점을 유념해야 한다.

워렌 버핏은 바로 이런 개념에 입각해 회사를 인수한다. 그는 회사의 세전 이익을 보고 그 회사를 인수하는 것이 그 회사의 기초적인 경제성과 인수가에 합당한 좋은 투자인지 아닌지를 분석한다. 그는 주식시장을 통해 회사 주식의 일부를 매수할 때도 똑같은 분석을 한다.

워렌 버핏이 장기적인 경쟁우위를 가진 회사의 주식을 채권성 주식으로 보게 된 것은 그 회사가 가진 장기적인 경쟁우위로 인해 기초적인 경제성이 매우 강력하고, 따라서 회사의 이익이 지속적으로 증가하기 때문이다. 이익이 지속적으로 증가하면 주식시장은 그 회사의 가치 증가를 인식하게 되고, 결국 주가가 상승한다.

따라서 워렌 버핏에게 장기적인 경쟁우위를 가진 회사의 주식은 채권과 같은 채권성 주식이며, 그 회사의 세전 이익은 채권의 쿠폰이나 이자와 같은 것이다. 그러나 일반 채권의 쿠폰이나 이자는 고정된 데 비해 채권성 주식의 이자(세전 이익)는 매년 계속 증가하고, 따라서 자연히 채권성 주식의 가치(주가)도 매년 상승한다.

워렌 버핏이 장기적인 경쟁우위를 가진 회사(채권성 주식)에 투자했을 때 바로 이런 일이 벌어졌다. 워렌 버핏이 투자한 장기적인 경쟁우위를 가진 회사의 주당순이익은 (사업이나 영업의 확대, 신규 사업의 인수, 또는 자기주식 매입 등을 통해) 꾸준히 증가했다. 그리고 이런 이익 증가에 상응해 워렌 버핏의 투자수익도 꾸준히 증가했다. 워렌 버핏의 이론이 어떻게 작동했는지 그 실례를 살펴보자.

1980년대 말 워렌 버핏은 코카콜라의 주식을 주당 평균 6.50달러에 매수하기 시작했다. 당시 코카콜라의 세전 순이익은 주당 0.70달러였고, 세후 순이익은 주당 0.46달러였다. 역대 코카콜라의 이익 증가율은 연평균 약 15%였다. 워렌 버핏의 개념에 따르면 주당 6.50달러의 투자에 대

Chapter 52

해 10.7% (0.70달러 ÷ 6.50달러)의 세전 초기 금리(초기 수익률)[31]를 지급하는 코카콜라의 채권성 주식을 산 것이다. 그는 또한 그 금리가 매년 약 15%씩 증가할 것이라고 예상하였다.

이런 개념을 가지고 있는 워렌 버핏은 그레이엄을 추종하는 가치투자자와는 달리, 코카콜라가 주당 60달러의 가치가 있는데 40달러에 거래되고 있기 때문에 '저평가'되어 있다는 식으로 말하지 않는다. 대신 워렌 버핏은 주당 6.50달러에 상대적으로 리스크가 작은 세전 초기 수익률 10.7%를 확보했으며, 이 수익률은 향후 20년 동안 연평균 약 15%씩 증가할 것이라고 말한다. 그런 후 그는 위험과 수익률 관점에서 다른 투자와 비교해 이 투자가 매력적인지를 검토한다.

그레이엄을 추종하는 가치투자자들은 회사가 아니라 주가에만 관심이 있고, 수년 이상의 장기투자를 할 의사가 없기 때문에 연간 15%씩 증가하는 세전 수익률 10.7%라는 것에 흥미를 느끼지 않는다. 그러나 20년 이상의 장기투자를 염두에 두고 있는 워렌 버핏에게 10.7%의 세전 수익률이 매년 15%씩 증가하는 채권성 주식은 그야말로 꿈 같은 투자가 되는 것이다.

꿈 같은 투자가 되는 이유는 매년 워렌 버핏의 초기 투자수익률이 실제로 증가하고, 시간이 가면서 총수익률이 기하급수적으로 증가하기 때문이다. 다음 사례를 살펴보자.

워싱턴포스트에 대한 워렌 버핏의 초기 투자는 주당 6.36달러였는데, 34년 후인 2007년 워싱턴포스트의 주당 세전 순이익은 54달러, 세후 순이익은 34달러였다. 2007년 워렌 버핏이 올린 수익률은 세전으로는 849%(2007년 세전 순이익 54달러 ÷ 최초 투자액 6.36달러=849%), 세후로는 534%(2007년 세후 순이익 34달러÷최초 투자액 6.36달러=534%)에 이른다. 워렌 버핏이 거부가 되는 것은 당연했다.

코카콜라에 대한 투자도 마찬가지다. 워렌 버핏은 1980년대 말 코카콜라 주식을 주당 평균 6.50달러에 매수했고, 당시 코카콜라의 세전 주당 순이익은 0.70달러였다. 그후 2007년까지 코카콜라의 세전 순이익은 연평균 9.35% 상승해 주당 3.96달러가 되었다. 세후로는 주당 2.57달러이다. 따라서 2007년 워렌 버핏은 주당 6.50달러의 초기 투자에 대해 세전으로 주당 3.96달러의 수익을 올렸고, 이는 세전 수익률로는 60%(3.96달러÷6.50달러), 세후 수익률로는 40%(2.57달러÷6.50달러)에 달한다.

시간이 가면서 주식시장은 이런 수익률을 인식하고 이런 가치 상승을 반영해 결국 워렌 버핏이 보유한 채권성 주식의 가치를 재평가하게 된다. 다음 경우를 살펴보자.

2007년 장기 기업금리(수익률)가 약 6.5%이고 세전 주당순이익이 54달러인 워싱턴포스트 채권성 주식의 가치는 주당 약 830달러였다.[32] 2007년 한 해 동안 워렌 버핏이 보유한 워싱턴포스트 주식은 주당 726달러에서 885달러 사이에서 거래되었다. 이는 우리가 계산한 워싱턴포스트 채권성 주식의 가치 830달러와 거의 일치한다. 결국 주식시장도 워싱턴포스트의 채권성 주식의 가치를 인식하게 된 것이다.

주식시장이 채권성 주식의 가치를 재평가한 예는 코카콜라 주식에서도 찾아볼 수 있다. 2007년 코카콜라의 주당 세전 순이익은 3.96달러였고, 세후 순이익은 2.57달러였다. 당시 코카콜라의 기업금리는 6.5%였다. 따라서 코카콜라의 채권성 주식의 가치는 주당 약 61달러로 평가된다(3.96달러 ÷ 6.5%=61달러). 2007년 한 해 동안 실제로 주식시장에서 코카콜라의 주식은 주당 45달러에서 64달러 사이에서 거래되었다.

주식시장이 결국엔 기업의 가치 상승을 재평가하게 되는 것은 그 기업의 이익이 매우 꾸준히 증가, 따라서 LBO의 가능성이 열려 있기 때문이다. 예를 들어 A라는 기업이 부채는 거의 없고 역대 이익은 매우 강력한 기조를 보이고 있다. 그리고 주가가 충분히 낮은 수준에 머물러 있다면, 다른 회사가 A의 이익을 활용하는 LBO를 통해 A를 매수하려고 나설 공산이 크다. 이때 금리가 떨어지면 A의 이익이 갖는 가치는 더욱 커진다. 금리가 떨어지면 같은 이익으로 더 많은 돈을 차입할 수 있기 때문이다. 이 경우 A의 주식가치는 더 상승한다. 반대로 금리가 오르면, A의 이익이 갖는 가치는 하락한다. 이것은 같은 이익으로 차입할 수 있는 차입금이 감소하기 때문이다. 이 경우 A의 주식가치도 하락한다.

워렌 버핏은 장기적인 경쟁우위를 가진 회사를 매수할 경우, 시간이 지나면 결국 주식시장에서는 '그 회사의 장기 회사채 금리에 따라' 그 회사 이익의 가치가 평가되고, 그렇게 평가된 이익의 가치를 반영해 그 회사의 주가가 형성된다는 것을 알았다.

주식시장이 어떤 때는 비관적이고 또 어떤 때는 근거 없는 낙관으로 가득 차지만, 결국 장기투자는 장기금리에 의해 그 경제적 가치가 결정

된다. 장기금리가 하락하면 장기투자의 가치는 더 커지고, 장기금리가 상승하면 장기투자의 가치는 작아진다.

Chapter 53

장기적인 경쟁우위가 지속적으로 투자수익률을 높인다

 워렌 버핏이 좋아하는 주식들을 통해 시간이 경과함에 따라 장기적인 경쟁우위를 가진 기업의 이익이 지속적으로 상승한 사례를 살펴보자.

1998년 무디스의 세후 주당순이익은 0.41달러였는데, 2007년에 2.58달러로 상승했다. 워렌 버핏은 무디스의 채권성 주식을 주당 10.38달러에 매수했고, 따라서 2007년 워렌 버핏의 무디스 채권성 주식에 대한 투자수익률은 세후 24%(2.58달러÷10.38달러)[33], 세전 38%를 기록했다.

1998년 아메리칸 익스프레스의 세후 주당순이익은 1.54달러였는데, 2008년에 3.39달러로 상승했다. 워렌 버핏은 아메리칸 익스프레스의 채권성 주식을 주당 8.48달러에 매수했다. 2008년 워렌 버핏의 아메리칸

장기적인 경쟁우위가 지속적으로 투자수익률을 높인다

익스프레스 채권성 주식에 대한 투자수익률은 세후 40%(3.39달러÷8.48달러), 세전 61%에 이르렀다.

워렌 버핏이 오랫동안 좋아했던 프록터&갬블의 1998년 세후 주당순이익은 1.28달러였고, 2007년에는 3.31달러로 상승했다. 워렌 버핏은 프록터&갬블의 채권성 주식을 주당 10.15달러에 매수했다. 2007년 워렌버핏의 프록터&갬블 채권성 주식에 대한 투자수익률은 세후 32%(3.31달러÷10.15달러), 세전 49%에 이르게 되었다.

시스캔디의 경우, 워렌 버핏은 1972년 회사 전체를 2,500만 달러에 인수했다. 2007년 시스캔디의 세전 순이익은 8,200만 달러였는데, 이는 시스캔디의 채권성 주식에 대한 워렌 버핏의 연간 세전 투자수익률이 328%라는 것을 의미하는 것이다.

이들 회사는 모두 장기적인 경쟁우위로 인해 매년 이익이 증가했으며, 그에 따라 회사의 가치도 상승했다. 주식시장이 이런 가치의 상승을 인식하는 데는 시간이 걸릴 수 있다. 그러나 결국 주식시장은 그런 가치의 상승을 인식하게 되고, 그러면 주가는 상승한다. 워렌 버핏은 그런 순간을 아주 여러 번 맞이했고, 그 결과 막대한 수익을 올릴 수 있었다.

Chapter 54

최고의 주식을 평가하는 또 다른 방법들

앞서 말한 것처럼 1987년에 워렌 버핏은 세전 0.70달러, 세후 0.46달러의 주당순이익을 올린 코카콜라 주식을 주당 평균 6.50달러에 사들이기 시작했다. 역대 코카콜라의 이익은 연평균 약 10%씩 증가했다. 이것은 워렌 버핏이 6.50달러의 투자에 대해 10.7%의 세전 초기 금리(세전 초기 수익률=0.70 달러÷6.50달러=10.7%)를 지급하고 코카콜라의 채권성 주식을 산 것과 같다. 이를 통해 워렌 버핏은 코카콜라에 대한 투자수익률이 연평균 10%(1987년까지 코카콜라가 지난 10년간 기록한 연평균 이익 증가율) 증가할 것으로 예측할 수 있었다.

만약 1987년 워렌 버핏이 10%의 이익 증가가 그후로도 계속될 것으로 예측했다면, 2007년 코카콜라의 세전 주당순이익은 4.71달러, 세후 주당순이익은 3.09달러가 될 것이다.34) 이는 2007년 워렌 버핏의 코카콜라 채권성 주식에 대한 세전 투자수익률은 72%(4.71달러÷6.50달러), 세후 투자수익률은 47%가 된다는 것을 의미한다.

그럼 2007년 6.50달러의 채권성 주식에 대한 세전 투자수익률 72%를 1987년의 가치로 환산하면 얼마나 될까? 이는 우리가 적용하는 할인율에 따라 다르다. 만약 1987년 당시 장기 기업금리 7%를 할인율로 사용한다면, 전체 할인율은 약 17%가 된다(최초에 지급한 초기 금리 10.7% + 장기 기업금리 7%=17.7%, 정확히는 17.7%지만, 여기서는 약 17%를 전체 할인율로 사용했다). 이 할인율 17%를 매수가 6.50달러에 곱하면 1.10달러가 된다. 이 1.10달러에 1987년 당시 코카콜라의 PER 14를 곱하면 15.40달러가 되는데, 이 15.40달러가 1987년 당시 코카콜라의 실제 내재가치가 된다. 따라서 1987년 워렌 버핏은 코카콜라 채권성 주식을 주당 6.50달러에 사서 이 주식을 20년간 보유할 경우, 그 주식의 1987년 실제 내재가치가 주당 15.40달러가 될 것인지 따져보았을 것이다.35)

2007년까지 코카콜라의 세전 순이익은 연평균 9.1% 증가해 주당 3.96달러가 되었다. 세후로는 주당 2.57달러가 된다. 여기서 워렌 버핏은 코카콜라의 채권성 주식이 그의 최초 투자인 주당 6.50달러에 대해 주당 3.96달러의 세전 수익을 지급하고 있다고 본다. 세전 수익률로는 61%(3.96달러÷6.50달러),36) 세후 수익률로는 40%가 되는 것이다.

2007년 주식시장은 코카콜라의 주가를 주당 45달러에서 64달러 사이로 평가했다. 2007년 코카콜라의 세전 주당순이익은 3.96달러, 세후 주

Chapter 54

　당순이익은 2.57달러였다. 2007년 코카콜라의 기업금리는 6.5%이므로, 코카콜라의 채권성 주식은 약 61달러의 가치가 있다(3.96달러÷6.5%=61달러).37) 이는 2007년 주식시장이 45달러에서 64달러로 평가한 코카콜라의 주가와 일치한다.

　2007년 주식시장은 워렌 버핏의 코카콜라 채권성 주식을 64달러로 평가했기 때문에, 워렌 버핏은 그의 최초 투자에 대해 세금이 이연된 12.11%의 연간 복합수익률을 올렸다고 할 수 있다. 이는 이자영업수익에 대한 세금납부 없이 12.11%의 연평균 수익률을 제공하는 채권에 투자한 것과 같다. 그뿐만이 아니다. 그동안 발생한 모든 이자를 12.11%의 수익률을 가진 그 채권을 더 사는 데 재투자한 것과 같다.38) 물론 언젠가 채권성 주식을 팔게 되면 세금을 내야 한다. 그러나 팔지 않는 한, 매년 계속해서 세금 없는 12.11%의 수익을 올리게 되는 것이다.

　믿기 어렵다면 워렌 버핏이 버크셔 해서웨이 주식으로 지금까지 약 640억 달러의 수익을 올렸지만, 그 수익에 대해 단 한 푼의 세금도 내지 않았다는 사실을 상기하자. 개인으로서는 역사상 최대의 부를 축적했으면서도, 한 푼도 세무서에 납부하지 않았던 것이다. 이보다 더 좋을 수 있을까?

환상적인 주식을 사야 할 최상의 매수 타이밍

워렌 버핏의 투자에서 투자수익률에 직접적인 영향을 미치는 것은 매수가다. 워렌 버핏은 일종의 채권성 주식이라고 볼 수 있는 장기적인 경쟁우위를 가진 회사를 찾는다. 그렇기 때문에 매수가가 높으면 초기 수익률은 물론 10년 후 그 회사로부터 얻게 되는 수익률도 낮아진다. 이와 관련된 사례를 살펴보자.

1980년대 후반 워렌 버핏은 주당순이익 0.46달러인 코카콜라 주식을 주당 평균 6.50달러에 매수하기 시작했다. 이때 그의 초기 수익률(주당순이익÷매수가)은 7%가 된다. 2007년 코카콜라의 주당순이익은 2.57달러가 되었다. 여기서 워렌 버핏은 코카콜라 채권성 주식에 대한 최초 투자 6.50달러에 대해 2.57달러의 수익을 올렸다고 할 수 있다. 수익률로는

Chapter 55

39.5%(2.57달러÷6.50달러)이다. 그러나 만약 워렌 버핏이 1980년대 말 코카콜라 주식을 주당 21달러에 매수했다면, 그의 초기 수익률은 2.2%가 되었을 것이다. 이 경우 2007년이 되어도 수익률은 고작 12%밖에 되지 않는다(2.57달러÷21달러). 12%의 수익률은 앞의 39.5%의 수익률에 비하면 전혀 매력적인 수익률이 아니다.

따라서 장기적인 경쟁우위를 가진 기업을 매수할 때 매수가가 낮으면 낮을수록 지속적으로는 더 높은 수익을 올릴 수 있다. 워렌 버핏은 항상 지속적인 관점에서 투자한다. 그러나 과거 그레이엄학파의 시각으로 보면 장기적인 경쟁우위를 가진 환상적인 기업들의 주가가 낮은 경우는 거의 없다. 이 때문에 그레이엄의 가치투자 원칙을 추종하는 펀드 매니저들은 결코 초우량기업을 소유하지 않는다. 이런 초우량기업의 주가는 이들에게 너무 비싸게 여겨지기 때문이다.

그렇다면 여러분은 언제 이런 초우량기업을 매수하는 것이 좋을까? 우선 약세장에서 매수하는 것이 좋다. 장기적인 경쟁우위를 가진 초우량 기업의 가격이 다른 약세장보다 비싸 보일 때라도, 장기적으로 볼 때 약세장에서 이런 기업을 매수하는 것이 좋다. 장기적인 경쟁우위를 가진 기업이라 해도 이따금 실수도 하고 바보 같은 짓을 할 수 있으며, 그러면 이들의 주가는 단기적으로 하락한다. 코카콜라의 뉴 코크가 그러했다.[39] 워렌 버핏은 훌륭한 회사가 해결 가능한 일시적인 문제에 직면했을 때 최고의 매수 기회가 온다고 말했다. 여기서 핵심은 그 문제가 해결 가능해야 한다는 것이다.

그렇다면 초우량기업이라 해도 매수해서는 안 될 때는 언제인가? 강세장의 정점에서는 결코 매수해서는 안 된다. 이때 이들 초우량기업들의 주가수익비율PER은 역대 최고치를 육박하거나 역대 최고치를 돌파하게 된다. 장기적인 경쟁우위를 가진 회사라 해도 너무 높은 가격에 매수하면 높은 수익을 내기 어렵다.

Chapter 56
최상의 매도 타이밍을 찾는 법

워렌 버핏은 초우량기업이 장기적인 경쟁우위를 유지하는 한 그 주식을 결코 팔지 않는다. 그 이유는 간단하다. 그 주식을 오래 보유하면 보유할수록 더 좋기 때문이다. 또한 그 주식을 팔면 세무서 직원을 파티에 초대하는 꼴이 되고 만다. 세무서 직원을 파티에 너무 많이 초대하면 부자가 되기 어렵다. 다음 사례를 살펴보자.

워렌 버핏의 버크셔 해서웨이는 장기적인 경쟁우위를 가진 회사들에 대한 투자를 통해 360억 달러의 자본차익을 올렸다. 하지만 이 360억 달러의 영업수익에 대해 워렌 버핏은 지금까지 단 한 푼의 세금도 내지 않았다. 그리고 그가 자신의 투자 방식을 고수하면 앞으로도 결코 세금을 내는 일은 없을 것이다. 그렇다 해도 그런 우수한 기업 중 하나를 매도하는 것이 더 유리할 때가 있다.

| **첫 번째 매도 타이밍** | 그 기업보다 훨씬 좋은 기업을 훨씬 좋은 가격에 매수할 기회가 왔을 때 돈이 필요한 경우이다. 가끔 이런 경우가 발생한다.

| **두 번째 매도 타이밍** | 해당 기업이 장기적인 경쟁우위를 잃을 것으로 예상되는 경우다. 신문사나 방송국에게 이런 일이 주기적으로 발생한다. 신문사나 방송국은 한때 매우 환상적인 사업체였다. 그러나 인터넷이 등장하면서 이들의 장기적인 경쟁우위에 의문이 발생했다. 장기적인 경쟁우위에 의문이 발생하면 그곳에 오랫동안 돈을 묶어두어선 안 된다.

| **세 번째 매도 타이밍** | 주식시장이 비정상적인 매수 열풍에 휩싸여 장기적인 경쟁우위를 가진 기업의 주가가 천정을 뚫고 상승하는 강세장에서다. 이 경우 이들 기업의 주가는 장기적인 경제성을 훨씬 넘어서게 된다. 그리고 한 기업의 장기적인 경제성은 그 기업의 주가가 어느 한계를 넘어설 때 중력처럼 작용해 결국 주가를 다시 땅으로 끌어내린다. 한 기업의 주가가 너무 높이 오르면 그 주식을 계속 보유하는 것보다 그 주식을 팔아 얻은 수익금을 다른 곳에 투자하는 것이 훨씬 낫다. 예를 들어 여러분이 소유한 기업이 향후 20년 동안 1,000만 달러를 벌 것으로 예상되는데 바로 오늘 누군가 그 회사를 500만 달러에 인수하겠다고 제안한다면, 여러분은 그 제안을 받아들이겠는가?

Chapter 56

여러분이 그 500만 달러를 연간 2%의 복합수익률을 제공하는 곳에 투자할 수밖에 없다면, 그 제안을 받아들여서는 안 된다. 500만 달러로 연간 2%의 복합수익률을 올리면 20년 후에는 740만 달러밖에 되지 않기 때문이다. 이는 별로 좋은 거래가 아니다. 그러나 여러분이 연간 8%의 복합수익률을 올릴 수 있다면, 20년 후에 500만 달러는 2,300만 달러가 될 것이다. 그렇다면 기업을 파는 것이 훨씬 이익이다.

매도 원칙은 간단하다. 우리가 보유한 장기적인 경쟁우위를 가진 기업의 주가수익비율^{PER}이 40 이상이면, 매도 타이밍이 된다. 그런데 우리가 그 기업을 강세장에서 팔았다면, 시장을 떠나지 않고 또 다시 주가수익비율^{PER} 40에 거래되는 다른 주식을 사기 위해 달려들어서는 안 된다. 그 대신 잠시 쉬면서 매도대금을 국채 같은 것에 묻어 놓고 다음 약세장이 올 때까지 기다려야 한다. 지속적으로 우리를 거부로 만들어줄 여러 환상적인 기업을 살 최고의 기회는 약세장이다. 그리고 또 다른 약세장은 항상 다시 오게 마련이다. 워렌 버핏처럼만 하면 된다.

APPENDIX

부록

1 우량기업·불량기업의 재무제표 예시

2 주요 회계용어

3 역주

4 기업 영문 이름 및 인덱스

Appendix

 우량기업의 대차대조표

(단위 : 100만 달러)

자산		부채	
현금 및 단기투자자산	4,208	매입채무	1,380
재고자산	2,220	미지급비용	5,535
매출채권(순)	3,317	단기부채	5,919
선급비용	2,260	유동성 장기부채	133
기타유동자산	0	기타유동부채	258
유동자산 총계	**12,005**	**유동부채 총계**	**13,225**
유형자산(토지, 건물, 기계장치)	8,493	비유동부채	3,277
영업권(순)	4,246	이연법인세	1,890
무형자산(순)	7,863	소수주주지분	0
장기투자자산	7,777	기타부채	3,133
기타비유동자산	2,675	**부채 총계**	**21,525**
기타자산	0	자본	
자산 총계	**43,059**	우선주	0
		보통주	1,296
		자본잉여금	7,378
		이익잉여금	36,235
		자기주식	−23,375
		자본 총계	**21,534**
		부채와 자본 총계	**43,059**

불량기업의 대차대조표

(단위 : 100만 달러)

자산		부채	
현금 및 단기투자자산	28,000	매입채무	22,468
재고자산	10,190	미지급비용	5,758
매출채권(순)	69,787	단기부채	32,919
선급비용	260	유동성 장기부채	920
기타유동자산	5	기타유동부채	258
유동자산 총계	**108,242**	**유동부채 총계**	**62,323**
유형자산(토지, 건물, 기계장치)	40,012	비유동부채	133,277
영업권(순)	736	이연법인세	5,890
무형자산(순)	333	소수주주지분	0
장기투자자산	43,778	기타부채	3,133
기타비유동자산	22,675	**부채 총계**	**204,623**
기타자산	5,076	자본	
자산 총계	**220,852**	우선주	150
		보통주	880
		자본잉여금	7,378
		이익잉여금	7,821
		자기주식	0
		자본 총계	**16,229**
		부채와 자본 총계	**220,852**

우량기업의 손익계산서

(단위 : 100만 달러)

매출액	28,857
매출원가	10,406
매출총이익	18,451
영업비용	
판매비와관리비	10,200
연구개발비	0
감가상각비	1,107
영업이익	7,144
이자비용	456
자산처분이익(손실)	1,275
기타영업외이익(손실)	(50)
법인세 차감 전 순이익	7,913
법인세	2,769
당기순이익	5,144

불량기업의 손익계산서

(단위 : 100만 달러)

매출액	172,455
매출원가	142,587
매출총이익	29,868
영업비용	
판매비와관리비	20,170
연구개발비	5,020
감가상각비	6,800
영업이익	−2,122
이자비용	10,200
자산처분이익(손실)	402
기타영업외이익(손실)	(35)
법인세 차감 전 순이익	−11,955
법인세	0
당기순이익	−11,955

~ Appendix ~

② 주요 회계용어

AAA등급 AAA Rating　S&P가 자산건전성이 뛰어난 기업에 주는 최고의 등급이다. 이보다 더 좋은 등급은 없다. 이 등급을 받은 회사는 최고의 회사다.

EBITDA Earnings Before Interest, Tax, Depreciation and Amortization
이자비용, 법인세, 감가상각 및 무형자산상각비 차감 전 이익을 말한다. 수익을 내지 못하는 기업은 이 지표를 좋아한다. 그러나 워렌 버핏은 이 지표를 신뢰하지 않는다. 경영진이 EBITDA를 강조한다면, 그 회사는 장기적인 경쟁우위가 없다는 것을 의미한다.

감가상각 누계액, 또는 누적 감가상각비 Accumulated Depreciation　개별 자산에서 차감되는 모든 감가상각비 또는 가치 하락분의 총액을 말한다. 회계담당자는 사물의 가치가 얼마나 하락하는지를 포함하여 모든 것의 흔적을 밝혀두려고 한다. 감가상각 누계액은 회사 자산의 가치가 얼마나 하락했는지 파악하기 위해 마련해둔 커다란 쓰레기통 같은 것으로 볼 수 있다.

감가상각비 Depreciation　유형자산은 사용될수록 마모된다. 이렇게 마모되어 발생하는 가치 감소분만큼 해당 자산에 대해 감가상각비를 차감한다.

경쟁우위 Competitive Advantage　한 회사가 경쟁회사보다 더 많은 돈을 벌 수 있는 능력을 말한다. 한 기업이 더 많은 현금을 창출할수록 주주들은 더 행복해진다. 워렌 버핏은 오랜 기간에 걸쳐 유지될 수 있는 장기적인 경쟁우위를 가진 회사들에만 관심이 있다.

👁️ 부록 👁️

대차대조표 Balance sheet 어떤 특정일 현재, 즉 한 회계연도 말 현재 한 기업이 보유한 자산, 부채 그리고 자본 현황을 정리한 것을 말한다. 대차대조표는 어떤 특정일 현재 한 기업의 재무 상황을 그대로 보여주는 스냅 사진과 같은 것이다. 하루를 초과하는 일정 기간 동안의 대차대조표란 있을 수 없다. 대차대조표는 그 회사가 얼마나 많은 자산을 갖고 있고, 빚(부채)은 얼마인지를 보여준다. 자산에서 빚을 뺀 것이 그 회사의 순자산(자본)이다. 재무상태표라고도 한다.

레버리지 Leverage 자본 대비 회사의 부채액을 말한다. 오랫동안 높은 레버리지를 갖고 있다는 것은 그 회사가 장기적인 경쟁우위가 없다는 것을 의미한다.

매출원가 Cost of Goods Sold 특정 기간 동안 팔린 재고자산의 비용 또는 원자재를 구입하고 완제품을 만드는 데 드는 비용을 말한다. '기초 재고자산 − 기말 재고자산 + 당기 상품 구매비용'으로 계산한다. 영업수익(매출액)에 비해 매출원가가 적은 것이 좋고, 매출액에 비해 매출원가가 높으면 나쁘다.

매출채권 Accounts Receivable 기업이 상품을 판매하였으나 아직 대금을 받지 못했지만, 곧 받을 돈을 말한다. 매출채권이 많은 것은 좋다. 그러나 현금을 많이 갖고 있는 것이 훨씬 좋다.

매출총이익 Gross Profit 제품 판매에 따른 영업수익으로 매출액(영업수익)에서 매출원가를 뺀 것이다. 장기적인 경쟁우위를 판단하기 위해서는 매출총이익 대비 다른 지표들의 비율(매출총이익 대비 판매비와관리비, 연구개발비, 혹은 감가상각비 비율 등)을 살펴보는 것이 좋다.

Appendix

매출총이익률 Gross Margin, Gross Profit Margin 매출액 대비 매출총이익의 비율을 말한다. 매출총이익률은 높을수록 좋다. 장기적인 경쟁우위를 가진 기업들의 매출총이익률은 높다.

무형자산 Intangible Assets 물리적으로 만질 수 없지만 수입을 창출하는 특허권이나 저작권 같은 자산을 말한다. 무형자산은 법에 의해 보호되는 독점적 권리와 같은 것으로, 장기적인 경쟁우위의 한 요인이 된다. 특허권의 유일한 문제는 궁극적으로는 그 권리가 만료되거나 법의 보호를 받지 못하게 된다는 것이다. 이런 상황이 발생하면 해당 기업은 특허권이 제공했던 경쟁우위를 잃는다. 바로 이 때문에 워렌 버핏은 제약회사에 투자하지 않았다.

보통주 Common Stock 한 회사의 소유권을 나타내는 증권을 말한다. 보통주 보유자들은 이사 선출권, 배당금 수령권이 있고, 회사 매각 시 모든 채무를 청산한 후 남은 돈을 받을 권리가 있다. 워렌 버핏은 (우선주가 아니라) 보통주를 매수해서 부를 축적했다.

부채 Liabilities 타인에 대한 회사의 지급의무를 말한다. 부채는 대차대조표에 기록된다. 부채가 있는 것은 좋지 않다. 기업은 가능한 부채가 적어야 한다.

비유동부채, 장기부채 Long-Term Debt 1년 이상 후에 만기가 도래하는 부채를 말한다. 장기적인 경쟁우위를 가진 회사들은 보통 비유동부채가 거의 또는 전혀 없다.

사외주 Outstanding Shares 투자자가 보유한 보통주를 말한다. 자기주식

Treasury Shares은 포함시키지 않지만, 기업 임직원이나 내부자가 보유한 제한부 주식(보통 회사 임직원에게 부여한 주식으로 일정 기간이 지나거나 일정 조건이 충족되기 전에는 양도가 제한된 주식Restricted Shares)은 사외주에 포함시킨다. 수년 동안 회사의 이익 증가 없이 사외주식 수가 급격히 증가했다면 자본을 늘리기 위해 신주를 발행했다는, 즉 그 회사가 평범한 이류회사라는 것을 의미한다. 워렌 버핏은 이런 이류회사에는 투자하지 않는다.

무형자산상각 Amortization 기본적으로는 감가상각Depreciation과 같은 개념이다. 하지만 감가상각은 유형자산에 적용되고, 무형자산상각은 영업권이나 특허권 같은 무형자산에 적용된다. 감가상각은 제조설비같이 시간이 가면서 가치가 하락하는 유형자산에 적용된다. 그런데 특허권은 시간이 감에 따라 가치가 하락하는 것은 아니고, 만료 시점에 가서야 비로소 모든 가치가 사라진다. 따라서 특허권 취득비용은 오랜 시간에 걸쳐 비용으로 분산 처리(상각)된다.

선급비용 Prepaid Expense 회계 기간 내에 받게 될 상품이나 서비스에 대해 그 회계 기간 전 또는 시작 시 미리 결제한 비용으로 유동자산에 속한다.

손익계산서 Income Statement 특정 기간 동안 한 회사의 영업수익과 지출을 기록한 재무제표를 말한다. 한 회계연도의 손익계산서만으로는 많은 것을 알 수 없다. 장기적인 경쟁우위를 가진 기업을 찾기 위해서는 최소한 5~10년의 손익계산서를 검토해야 한다.

순이익 Net Income 매출액에서 모든 비용, 지출, 세금을 제하고 남은 회사의 이익을 말한다. 순이익은 많을수록 좋다. 또 순이익이 꾸준하고 지속적일수록 그 회사는 장기적인 경쟁우위를 가진 회사일 가능성이 크다.

연구개발비 R&D Expense 새로운 제품을 생산하고 개발하기 위해 일정 기간에 지출한 회사의 돈을 말한다. 장기적인 경쟁우위를 가진 회사는 연구개발비가 전혀 또는 거의 없는 것이 일반적이다.

영업권 Goodwill 장부에 기록된 가치(장부가)를 초과하는 자산의 가치를 말한다. 한 회사의 주당 장부가가 10달러인데 거래되는 주가가 주당 15달러라면, 이 회사가 다른 회사에 의해 인수될 경우 장부가를 초과하는 5달러는 인수회사의 장부에 영업권으로 기록된다.

영업비용 Operating Expenses 회사의 제품 생산에 소요되는 비용과 직접적인 관련이 없는 비용으로써, 회사의 사업을 영위하는 데 소요되는 비용을 말한다. 영업비용은 적을수록 좋다.

매출액 Revenues 회사 제품이나 서비스의 판매를 통해 받았거나 받게 될 돈을 말한다. 영업수익(매출액)은 재무제표 분석의 시작점이다. 그러나 월스트리트에서 일하고 있거나 이익이 전혀 없는 회사의 가치를 대중에게 설득시키려고 하지 않는 이상, 매출액만을 보고 한 회사의 가치를 평가해서는 안 된다.

영업이익 Operating Profit 회사가 영업을 통해 벌어들인 이익을 말한다. 영업이익은 이자비용과 법인세를 차감하기 전 이익이다. EBIT(이자비용 및 법인세 차감 전 이익Earnings Before Interest and Taxes) 또는 Operating Income이라고도 한다.

우선주 Preferred Stock 특정한 배당금을 지급하지만 의결권은 없는 자본금Capital Stock을 말한다. 장기적인 경쟁우위를 가진 회사는 우선주가 없는 것이 보통이다.

유동부채 Current Liabilities 1년 내에 상환해야 할 부채를 말한다.

유동비율 Current Ratio 유동부채 대비 유동자산의 비율을 말한다. 유동비율은 장기적인 경쟁우위를 찾는 데 거의 쓸모가 없는 지표다.

유동자산 Current Assets 현금 또는 1년 내에 현금화할 수 있는 자산을 말한다. 대차대조표에서 유동자산에 속하는 것은 현금 및 현금성자산, 매출채권, 재고자산, 선급비용 등이다.

이익잉여금, 내부유보금 Retained Earnings 배당금으로 지급되지 않고 누적된 회사의 순이익을 말한다. 이익잉여금이 장기적으로 꾸준히 증가한다는 것은 그 회사가 장기적인 경쟁우위를 가졌다는 것을 보여주는 특징 중 하나다.

자기자본이익률 Return On Equity, ROE 회사의 순이익을 자기자본으로 나눈 비율(순이익÷자기자본)이다. 워렌 버핏이 장기적인 경쟁우위를 판단하는 주요 지표 중 하나가 자기자본이익률이다. 자기자본이익률은 높을수록 좋다.

자기주식, 금고주, 사내주 Treasury Stock, Treasury Shares 회사가 취득하여 보유하고 있는 보통주를 말한다. 자기주식은 의결권도 없고 배당을 받을 권리도 없으며 사외주에 포함시키지도 않는다(따라서 사외주에 대해 사내주라고도 한다). 자기주식을 보유하고 있다는 것은 그 회사가 장기적인 경쟁우위를 가진 회사일 가능성이 크다는 것을 의미한다.

자본 Shareholders' Equity   기업의 순자산으로 총자산에서 총부채를 뺀 것이 자본이다.

자본적지출 Capital Expenditures   새로운 설비 인프라를 세우거나 기존 설비 인프라를 유지·보수·개선하기 위해 회사가 매년 지출하는 돈을 말한다. 일반적으로 장기적인 경쟁우위를 가진 회사들의 자본적지출은 많지 않다.

자산 Asset   기업이 소유한 것으로 미래의 영업수익을 창출하기 위해 사용된다. 자산이 많은 것은 좋은 것이다. 그러나 많은 수익을 창출하는 자산을 많이 갖는 것이 훨씬 좋다.

장기적인 경쟁우위 Durable Competitive Advantage   오랜 기간 유지될 수 있는 경쟁자에 대한 경쟁우위를 말한다. 장기적인 경쟁우위는 워렌 버핏의 성공의 비밀이고, 이 책의 핵심 주제다.

장부가 Book Value   회사의 모든 자산에서 회사의 모든 부채를 뺀 것이다. 장부가를 사외보통주 Common Shares Outstanding 수로 나누면 그 회사의 주당 장부가가 된다. 장부가가 증가하고 있으면 좋은 것이고, 장부가가 감소하고 있으면 나쁜 것이다.

재고자산 Inventory   완성되었거나 완성단계에 있어 고객에게 판매될 회사의 제품을 말한다. 매출액은 감소하는 데 재고자산이 증가하고 있으면, 주의해야 한다.

◇◇ 부록 ◇◇

재무제표 Financial Statement 대차대조표, 손익계산서, 현금흐름표를 총칭하는 용어. 재무제표를 보고 장기적인 경쟁우위를 가진 기업을 찾을 수 있다. 그러나 해당 기업의 실상을 정확히 확인하기 위해서는 수년간의 재무제표를 봐야 한다.

저평가된 기업 Undervalued Company 주식이 그 기업의 지속적인 기업가치 이하의 가격에서 거래되는 기업을 말한다. 벤저민 그레이엄은 저평가된 기업을 매수해서 백만장자가 되었다. 그러나 워렌 버핏은 장기적인 경쟁우위를 가진 기업을 매수해서 억만장자가 되었다.

채권 Bond 비유동부채에 속하는 증권의 일종이다. 장기적인 경쟁우위를 가진 회사들은 보통 부채가 많지 않기 때문에 채권이 많지 않다. 부채는 적을수록 좋다.

판매비와관리비 SG&A Costs; Selling, General and Administrative Expenses 해당 회계 기간에 발생한 직접 및 간접 판매비와관리비와 모든 일반 관리비를 말한다. 여기에는 임원과 직원의 임금, 광고료, 여비교통비, 법률비용, 수수료 등이 포함된다. 판매비와관리비는 적을수록 좋다.

평범한 기업, 이류기업 Mediocre Business 장기적인 경쟁우위를 갖지 못해 극심한 경쟁에 시달리는 그저 그런 기업을 말한다. 이런 기업에 투자하면 결국은 가난해진다.

현금흐름 Cash Flow 특정 기간 동안 회사가 창출한 현금액을 말한다. 한 회사의 현금흐름은 현금흐름표에서 확인할 수 있다.

Appendix

❸ 역주

1) 이 책에서는 장기적인 경쟁우위$^{\text{Long-term Competitive Advantage}}$, 영속적인 경쟁우위$^{\text{Durable Competitive Advantage}}$, 지속적인 경쟁우위$^{\text{Consistent Competitive Advantage}}$를 같은 의미로 사용하고 있다.

2) 보유 현금은 현금흐름으로 파악해야 하기 때문에 보유 현금 대비 주가비율은 현금흐름 대비 주가비율$^{\text{PCF: Price to Cash Flow}}$(주가÷주당 현금흐름)로 이해할 수 있다. 즉 그레이엄은 주당 현금흐름 대비 주가가 0.5(50%) 이하인 기업을 찾아 투자했다.

3) 벤저민 그레이엄의 유명한 제자로, 아들 에드윈 슐로스$^{\text{Edwin Schloss}}$와 함께 20세기 후반 가치투자자로 명성을 날렸다.

4) 저평가된 주식을 매수한 후, 50% 이상 주가가 상승하면 매도한다는 그레이엄의 투자 원칙.

5) 자기 충족적 예언$^{\text{Self-fulfilling Prophecy}}$: 그렇게 되리라 믿고 기대하면 기대한 결과가 나타나는 현상을 말한다. 장기적인 경쟁우위가 수익을 가져다 줄 것이라고 믿고 투자한 결과, 실제로 수익을 내게 되었음을 의미한다.

6) 상사의 상품 매출원가$^{\text{Cost of Goods Sold}}$는 보통 '기초 재고자산 − 기말 재고자산 + 당기 상품 구매비용'으로 계산한다. 즉 회사의 상품 구매비용 잔액이 상품 매출원가다.

7) 감산비용Impairment Charge: 수익을 낼 목적으로 투자하거나 지출했지만 수익 가능성이 작거나 없을 경우 그에 해당하는 투자나 지출액을 비용으로 처리한 것이다. 예를 들어 할인매장에서 판매를 목적으로 구매한 상품이 훼손되거나 파손되어 수익을 기대할 수 없을 때 감산비용으로 계상한다.

8) 경성비용Hard Costs: 해당 사업을 영위하고 부가가치를 창출하는 데 반드시 필요한 비용을 말한다. 부가가치 창출에 직접 관련이 없는 비용은 연성비용Soft Costs이라고 한다. 대체로 매출원가와 영업비용 등이 경성비용에 속하고, 이자비용, 금융비용, 법률비용, 회계비용, 우발비용 등은 연성비용에 속한다.

9) 정식으로 보고되는 손익계산서는 모두 감가상각비를 비용으로 처리하고 있다. 여기서 저자의 의도는 감가상각비가 실제 비용임을 강조하고, EBITDA 개념에 대한 주의를 환기시키려는 것이다.

10) 3대 신용평가사의 신용등급

	무디스(21등급)	S&P(21등급)	피치(24등급)
투자등급	AAA AA+ AA AA−	Aaa Aa1 Aa2 Aa3	AAA AA+ AA AA−
	A+ A A−	A1 A2 A3	A+ A A−
	BBB+ BBB BBB−	Baa1 Baa2 Baa3	BBB+ BBB BBB−

투기 등급	BB+	Ba1	BB+
	BB	Ba2	BB
	BB−	Ba3	BB−
	B+	B1	B+
	B	B2	B
	B−	B3	B−
	CCC+	Caa1	CCC+
	CCC	Caa2	CCC
	CCC−	Caa3	CCC−
	CC	Ca	CC
	D	C	C
			DDD
			DD
			D

11) 미국 월스트리트의 5대 투자은행 중 하나였으나, 2007년 서브프라임모기지 사태로 파산위기에 몰리다 2008년 3월에 JP 모건 체이스 JP Morgan Chase에 인수되었다.

12) 기본적으로 재고자산의 매각은 자산처분이익(손실)이 아니라 매출이 된다. 자산처분이익(손실)은 재고자산을 제외한 유·무형의 자산처분에 따른 이익이나 손실을 말한다.

13) 100만 달러의 건물에 대해 50만 달러를 감가상각했으므로 그 건물의 장부가는 50만 달러이고 실제 매각대금은 80만 달러이므로, 그 차액인 30만 달러가 유형자산처분이익이 된다.

14) 영업활동과 관련해 지속적으로 발생하는 영업수익이나 비용(경상영업수익, 경상비용)이 아닌 비경상적 영업수익이나 비용을 말한다.

15) 저자들이 말하는 자산처분이익(손실)과 기타영업외이익(손실)은 모두 영업외이익Extraordinary Gains 또는 영업외손실Extraordinary Loss 계정에 속하는 것이다. 따라서 워렌 버핏 식으로 순이익을 계산할 때는 해당 회사가 보고한 손익계산서의 순이익에서 영업외이익과 영업외손실 금액을 제외하도록 한다(손익계산서의 순이익에서 영업외이익 금액은 빼고 영업외손실 금액은 더하면 된다).

16) 채권성 주식Equity Bond: 채권처럼 확실한 수익을 보장해주는 주식을 의미한다. 일반적으로 워렌 버핏의 채권성 주식은 이처럼 확실한 수익을 보장해주면서도 일반 채권보다 더 많은 수익을 제공한다.

17) 한국의 경우 2009년 기준 과세표준 1억 원 이하 13%, 1억 원 초과 25%이다. 그러나 2008년 법인세법 개정을 통해 과세표준을 1억 원에서 2억 원으로 상향 조정하고, 2억 원 초과의 경우 법인세율을 현행 25%에서 2009년 귀속분부터 22%로, 2012년 귀속분부터는 20%로 각각 낮추게 된다.

18) 사실 이런 경우는 드물지만, 저자들이 강조하는 것은 회사가 실제로 납부한 법인세를 가지고 회사의 세전 영업수익(법인세 차감 전 순이익)을 다시 한 번 체크하라는 것이다. 실제 납부한 법인세를 가지고 세전 영업수익을 구하려면, '세전 영업수익=(법인세÷법인세율)×100'의 공식을 사용한다. 이 책의 손익계산서를 사용하면, 세전 영업수익=(법인세 525÷법인세율 35)×100=1,500이 된다(단위 100만 달러).

19) 발행된 주식 중 회사가 보유한 자기주식Treasury Stocks(사내주라고도 한다)을 제외한 투자자들이 보유한 주식을 말한다. '자기주식(사내주)을 제외한 발행주식'이라고도 한다.

20) '주당순이익EPS=당기순이익Net Earnings÷사외주식 수Shares Outstanding'이다. 따라서 사외주식 수가 줄면, 주당순이익은 증가한다.

21) 유형자산에 대해서는 감가상각Depreciation, 영업권과 무형자산에 대해서는 무형자산상각Amortization을 한다. 감가상각과 무형자산상각은 기본적으로 같은 개념이다. 적용되는 자산에 따라 다르게 말하는 것뿐이다.

22) 롤오버, 또는 Rolling Over : 기존 부채를 신규 부채로 전환하는 것을 말한다. 신규 부채로 전환할 때는 새로 조건을 협상해 이자 등에 새로운 조건을 적용하게 된다. 결국 기존 부채의 만기를 새로운 조건을 적용해 연장하는 것이라고 할 수 있다.

23) 미국의 제과업체인 나비스코는 1985년 RJR에 인수되어 RJR 나비스코가 된다. 그런데 1989년 KKRKohlberg Kravis Roberts이란 사모펀드가 당시 사상 최대인 250억 달러로 LBO를 통해 RJR 나비스코를 인수했다. 이로써 250억 달러의 부채를 떠안게 된 RJR 나비스코는 부채가 290억 달러, 부채비율은 2,000%에 이르러 파산 직전까지 몰리기도 했다. 그후 RJR 나비스코는 일련의 자산 매각을 통해 부채를 상환함으로써 워크아웃에 성공했다. 그러나 그 후에도 한참 동안 벌어들인 수익을 부채상환에 쏟아 부어야 했다.

24) 자본잉여금Additional Paid in Capital: 주식 발행 초과금과 기타 자본잉여금(감자차익, 자기주식 처분이익 등)으로 구성된다.

25) 자기주식: 미국에서는 Treasury Stock, 영국에서는 Treasury Share라고 한다.

26) 전체 주식이 100주이고, 이 중 자기주식이 10주, 사외주가 90주이며, 한 개인이 사외주 46주를 갖고 있다고 할 때, 실제로 이 개인은 51%의 지분을 갖고 회사를 지배하고 있다(46÷90=51%). 그럼에도 불구하고, 개인지주회사가 되어 개인지주회사세를 납부하는 것을 피하기 위해 이 개인이 자기주식을 포함한 전체 주식 100주의 46%(46주)만 보유하고 있다고 주장하는 경우가 있는데, 미 국세청은 이를 비양심적인 유형이라고 본다. 따라서 이 경우 미 국세청은 자기주식을 제외한 사외주 90주를 기준으로 개인지분을 판단해 해당 개인이 51% 지배지분을 갖고 있기 때문에 해당 회사를 개인지주회사로 보고 개인지주회사세를 부과한다.

27) 보통 자본을 칭하는 Equity는 Shareholders' Equity를 의미하고, 이를 자기자본 혹은 주주자본이라고도 한다.

28) (순), Net: '주식 발행으로 인한 현금 유입－자기주식 매입을 위한 현금 유출' 정산액

29) (순), Net: '채권 발행으로 인한 현금 유입－채권 상환으로 인한 현금 유출' 정산액

Appendix

30) 53장에서 55장까지의 내용에 대한 보완적 설명이 필요한 경우에는 역자가 번역한 『워렌 버핏만 알고 있는 주식투자의 비밀』(2008, 부크홀릭)을 참조하기 바란다. 특히 채권성 주식에 관한 내용은 같은 책 198~204쪽, '16장. 이자가 계속 오르는 채권성 주식을 사라' 참조

31) 워렌 버핏이 말하는 '채권성 주식의 금리'란 그 주식의 수익률을 의미한다. 어떤 한 시점의 수익률은 '해당 시점의 주당순이익÷주가(매수가)'이다. 따라서 처음 주식을 매수할 당시의 초기 수익률은 '매수 당시 주당순이익÷주당 평균 매수가'이고, 본문의 경우 세전 초기 수익률은 '매수 당시 세전 주당순이익 0.70달러÷주당 매수가 6.50달러=10.7%'가 된다(정확히는 10.77%이다).

32) '수익률=해당 시점의 주당순이익÷주가(매수가)'이므로, 본문의 사례에서 2007년 현재 '수익률 6.5%=주당순이익 54달러÷주가 X'이고, 따라서 '2007년의 주가 X=2007년의 주당순이익 54달러÷2007년의 수익률(기업금리) 6.5%=830달러'이다. 한 시점의 주가를 평가하기 위해 사용할 기업의 주식수익률 수치로는 그 시점의 장기 기업금리를 사용한다.

33) 한 시점의 수익률 = 그 시점의 주당순이익÷주가(매수가)

34) 미래의 주당순이익을 예측하는 방법에 대해서는 『워렌 버핏만 알고 있는 주식투자의 비밀』 참조

35) 한 주식(기업)의 내재가치는 현재가치로 할인된 미래수익(미래가치)이고, 그 주식의 내재가치를 구하는 공식은 '미래가치(미래의 순이익÷미래의 수

익률 = 사실상 매수가)×할인율×매수 시점의 PER '이다. 여기서는 2007년의 가치를 미래가치로, 1987년의 가치를 현재의 내재가치로 보고 계산할 수 있다. 할인율은 수익률과 현재부터 미래까지의 시간을 모두 고려해야 하지만, 여기서는 1987년 당시 초기 수익률(채권성 주식의 초기 금리)과 장기 기업금리를 합한 17%를 적용했다. 따라서 코카콜라 채권성 주식의 1987년 당시 (주당) 내재가치=[2007년 가치(1987년 매수가) 6.50달러×할인율 17%=1.10달러]×1987년 당시의 PER 14=15.40달러이다.

> **예문** 1999년 주당순이익이 1,700원, 기업금리가 7.5%인 A 주식을 10,000원을 주고 샀고, A 주식이 2009년 현재 주당순이익이 3,500원이라면, 이 주식의 1999년 주당 내재가치는 얼마일까? 이것은 '1999년의 내재가치=2009년의 가치×할인율×매수 당시의 PER'로 계산된다. 2009년의 가치(1999년 매수가)=10,000원[2009년 주당순이익 3,500원÷2009년 수익률 35%(2009년 주당순이익 3,500원÷매수가 10,000원)], 할인율=24.5%[초기 수익률 17%(매수 당시 주당순이익 1,700원÷매수가 10,000원) + 매수 당시 기업금리 7.5%], 매수 당시의 PER=5.8배(매수가 10,000원÷매수 당시 주당순이익 1,700원)이다. 따라서 1999년 A 주식의 내재가치=10,000원×24.5%×5.8배 = 14,210원.

본문과 예문의 사례에서 알 수 있듯이, 미래의 어느 시점에서 매수 당시 주식의 내재가치를 구하는 공식은 '매수가(매수 시점의 주가)×할인율×매수 당시의 PER'이 된다. 내재가치를 구할 때 가장 중요한 것은 할인율이다. 일부 애널리스트들은 국채수익률을 할인율로 적용하면 내재가치를 구할 수 있다고 믿는데, 이때 확인할 수 있는 것은 그 주식의 고유한 내재가치가 아니라 국채수익률에 대한 그 주식의 상대가치이다. 이렇게 구한 상대가치는 해당 주식에 대한 투자와 국채에 대한 투자를 비교하는 데 의의가 있다. 그러나 기업의 고유한 내재가치를 구하기 위해서는 국채수익률 대신 그 기업의 기업금리를 할인율에 적용하는 것이 좋다. 할인율로 '초기 수익률(매수 당시 주당 순이익÷매수가)+매수 시점의 기업금리'를 적용할 수 있다. 워렌 버핏은 이렇게 구한 주식(기업)의 내재가치에 적절한 안전마진을 둔 가격에 주식을 매수한다. 예컨대 한 주식의 내재가치가 10,000원으로 계산되었다면, 거기에 30%(즉 3,000원)의 안전마진을 둔 7,000원 이하에 주식을 매수하는 식이다.

36) 수익률 = 주당순이익÷매수가(주가)

37) 주가 = 주당순이익÷장기 기업금리(수익률)

38) 『워렌 버핏만 알고 있는 주식투자의 비밀』, 198~204쪽, '16장. 이자가 계속 오르는 채권성 주식을 사라' 참조

39) 1985년 코카콜라는 펩시와의 경쟁에서 앞서 나가기 위해 기존 콜라보다 맛이 좋은 뉴 코크를 시판했는데, 기존 브랜드와 맛에 익숙해진 소비자들은 (확실히 맛이 떨어지는) 기존 콜라를 계속 찾았다. 따라서 뉴 코크 프로젝트는 실패로 돌아갔다. 이는 실패한 마케팅의 대표적인 사례로 꼽힌다.

부록

④ 기업 영문 이름 및 인덱스

ㄱ

가이코   011, 182
GEICO

굿이어 타이어   054, 060, 151
Goodyear Tire

구글   063
Google

ㄴ

노스웨스트 항공   166
Northwest Airlines Corporation

네브래스카 가구점   037, 146
Nebraska Furniture Mart, NFM

ㄷ

델타 항공   166
Delta Air Lines, Inc.

ㄹ

리글리   035, 054, 068, 070, 113, 114, 115, 119, 143, 150, 159, 166, 179, 183
Wrigley

ㅁ

마이크로소프트   054, 063, 159
Microsoft

머크   063
Merck

무디스   005, 036, 054, 059, 064, 083, 110, 127, 128, 143, 150, 177, 178, 179, 190, 215
Moody's Corps.

맥도날드   119
McDonald's

ㅂ

버드와이저   035, 110
Budweiser

Appendix

보르스하임 보석상   037
Borsheim's Jewelers

버크셔 해서웨이   015, 122, 123, 146, 158, 160, 194, 198
Berkshire Hathaway

벌링턴 노던 산타페 철도   037, 054, 159
Burlington Northern Santa Fe Railway

베어스턴스   071, 095, 134, 135
Bear Sterns

ㅅ

사우스웨스트항공사   070, 083
Southwest Airlines

살로먼 브라더스   036
Salomon Brothers

서비스마스터   036
The ServiceMaster Co.

시스캔디   191
See's Candy

ㅇ

아메리칸 익스프레스   036, 179, 190
American Express

아메리칸 항공   071, 166
American Airlines

알트리아 그룹   127
Altria Group

엑슨모빌   117
Exxon Mobil

월마트   037, 119
Wal-Mart Stores, Inc.

애플   054
Apple

앤호이저-부시   110, 159
Anheuser-Busch Companies, Inc.

인텔   060, 063
Intel

부록

유나이티드 항공   005, 054, 070, 166
United Airlines

워싱턴포스트   011, 033, 035, 143, 182, 186, 187
The Washington Post

워싱턴공공전력공급시스템   077
Washington Public Power Supply System, WPPSS

웰스 파고   036, 071, 135, 159
Wells Fargo & Co.

ㅈ

제너럴 모터스   005, 054, 059, 068, 083, 114, 115, 143, 150, 159, 178
GM, General Motors

질레트   159
The Gillette Co.

ㅋ

쿠어스   035
Coors

크래프트   035
Kraft Foods

코스트코   037
Costco.

코카콜라   005, 006, 035, 039, 053, 059, 064, 068, 071, 083,
Coca Cola   110, 120, 127, 128, 143, 150, 59, 166, 177, 178, 179,
    185, 186, 187, 188, 192, 193, 194, 195, 196, 221, 222

ㅍ

펩시콜라   035, 119, 166, 179
PepsiCo, Inc.

포드   059, 143, 151
Ford

프록터 & 갬블   035, 059, 068, 070, 110, 127, 151
Procter & Gamble

필립모리스   035
Phillip Morris

Appendix

ㅎ

허쉬 035, 166
Hershey

H&R 블록 036
H & R Block

JP 모건 체이스 071, 216
JP Morgan Chase

M&T 은행 151
M&T Bank

RJR 나비스코 144, 218
RJR Nabisco, Inc.

S&P 071, 206, 215

US 스틸 054
US Steel

❝
재무제표는 주식투자와 비즈니스 세계의 채점표이다. 채점표를 읽지 못하면 제대로 점수를 매길 수 없다. 점수를 매길 수 없다면 승자와 패자를 구분하는 것도 불가능하다. 10배 오를 주식은 그 채점표에 숨어 있다. 이제 그 주식을 찾아나서라.
❞

함께 읽으면 좋은 부크온의 책들

- 내 주식은 왜 휴지조각이 되었을까? — 장세민
- 투자의 전설 앤서니 볼턴 — 앤서니 볼턴
- 예측투자 — 마이클 모부신, 알프레드 래퍼포트
- 투자도 인생도 복리처럼 — 가우탐 바이드
- 퍼펙트 포트폴리오 — 앤드류 로, 스티븐 포어스터
- 안전마진 — 크리스토퍼 리소길
- 권 교수의 가치투자 이야기 — 권용현
- 벤저민 그레이엄의 성장주 투자법 — 프레더릭 마틴
- 가치투자는 옳다 — 장마리 에베이야르
- 박 회계사의 재무제표 분석법 (개정판) — 박동흠
- 워런 버핏처럼 주식투자 시작하는 법 — 메리 버핏, 션 세아
- 인생주식 10가지 황금법칙 — 피터 세일런
- 주식고수들이 더 좋아하는 대체투자 — 조영민
- 금융시장으로 간 진화론 — 앤드류 로
- 현명한 투자자의 지표 분석법 — 고재홍
- 투자 대가들의 가치평가 활용법 — 존 프라이스
- 워런 버핏처럼 가치평가 시작하는 법 — 존 프라이스
- 투자의 가치 — 이건규
- 워런 버핏의 주식투자 콘서트 — 워런 버핏 강연 모음
- 적극적 가치투자 — 비탈리 카스넬슨
- 주식투자자를 위한 재무제표 해결사 V차트 — 정연빈
- 주식 PER 종목 선정 활용법 — 키스 앤더슨
- 돈이 불어나는 성장주식 투자법 — 짐 슬레이터
- 현명한 투자자의 인문학 — 로버트 해그스트롬
- 워런 버핏만 알고 있는 주식투자의 비밀 — 메리 버핏, 데이비드 클라크
- 박 회계사의 사업보고서 분석법 — 박동흠
- 이웃집 워런 버핏, 숙향의 투자 일기 — 숙향
- NEW 워런 버핏처럼 적정주가 구하는 법 — 이은원
- 줄루 주식투자법 — 짐 슬레이터
- 경제적 해자 실전 주식 투자법 — 헤더 브릴리언트 외
- 붐버스톨로지 — 비크람 만샤라마니
- 워렌 버핏처럼 사업보고서 읽는 법 — 김현준
- 주식 가치평가를 위한 작은 책 — 애스워드 다모다란
- 고객의 요트는 어디에 있는가 — 프레드 쉐드
- 투자공식 끝장내기 — 정호성, 임동민
- 워렌 버핏의 재무제표 활용법 — 메리 버핏, 데이비스 클라크
- 현명한 투자자의 재무제표 읽는 법 — 벤저민 그레이엄, 스펜서 메레디스